冰壶精神

　　冰壶运动讲究技巧，尊重传统。一次完美的投壶令人赏心悦目，遵循冰壶传统、秉持冰壶精神同样令人尊敬。冰壶运动员志在取胜，但绝不贬低对手。冰壶运动员宁愿输掉比赛，也不愿违背公平。冰壶运动员从不试图干扰对手，也不会阻碍对手发挥出最佳的竞技水平。冰壶运动员不会故意违反比赛规则，也不会违背比赛传统。若意识到已无意中违反规则或传统，他们会及时报告自己的违规行为。

　　冰壶比赛是运动员竞技能力的比拼，但冰壶精神规定运动员要彰显体育精神，要亲切友善、行为可敬。

　　冰壶精神既影响冰壶规则的解释和应用，也应影响冰场内外所有参与者的行为。

冰壶裁判理论与实践

于作军　王春露　巴益霞◎主编

人民体育出版社

图书在版编目（CIP）数据

冰壶裁判理论与实践／于作军，王春露，巴益霞主编．－－北京：人民体育出版社，2024
　　ISBN 978-7-5009-6378-3

　　Ⅰ．①冰… Ⅱ．①于… ②王… ③巴… Ⅲ．①掷冰壶－裁判法 Ⅳ．①G862.64

中国国家版本馆 CIP 数据核字（2023）第 219590 号

*

人 民 体 育 出 版 社 出 版 发 行
北 京 建 宏 印 刷 有 限 公 司 印 刷
新 华 书 店 经 销

*

710×1000　16 开本　13.5 印张　245 千字
2024 年 3 月第 1 版　2024 年 3 月第 1 次印刷

*

ISBN 978-7-5009-6378-3
定价：58.00 元

社址：北京市东城区体育馆路 8 号（天坛公园东门）
电话：67151482（发行部）　　邮编：100061
传真：67151483　　　　　　　邮购：67118491
网址：www.psphpress.com
（购买本社图书，如遇有缺损页可与邮购部联系）

编委会

顾　问

李　操　冯　伟　牛晓暹

主　编

于作军　王春露　巴益霞

编写人员（按姓氏笔画排序）

于作军　王春露　王福军　车卫兵　巴益霞　杜　伟　宋子暄
张弛月　张泽众　岳清爽　柳　荫　姜嘉怡　姜馨迪

Foreword

Curling is considered one of the oldest winter sports within the Olympic Winter Programme, with a history of more than 500 years.

The rules of Curling written by the Grand Caledonian Curling Club in 1838 were deemed as the first formal rules accepted in the Curling community. Since then, Curling has evolved from a folk game to a competitive sport. The Rules of Curling and Rules of Competition not only make this ancient sport more formalized and standardized, but also constantly change the way of curling competition, making this sport more intelligent and entertaining.

Currently, the World Curling Federation (WCF) Competition and Rules Committee revises The Rules of Curling and Rules of Competition annually.

China has become one of the fastest growing countries in curling, not only hosting the Winter Olympic Games, World Championships and other major international events, but also organizing increasingly domestic curling events. High level umpires guarantee a secured competition environment and provide professional support for high level events.

This book analyses the rules of curling and rules of competition in very detailed way, elaborates how to organize a curling event, explains the referee's job responsibilities and work process, and also collects some special real cases.

I really hope you enjoy this book! Let's work together to promote curling in China and beyond.

Kate Caithness CBE
President of World Curling Federation
Honorary Professor Beijing Sports University

序

冰壶运动是奥林匹克运动中最古老的冬季运动项目之一，已有500多年的发展历史。

1838年由喀里多尼亚冰壶俱乐部（Grand Caledonian Curling Club）所撰写的《冰壶竞赛规则》是冰壶领域公认的第一部正式的冰壶规则，从此冰壶运动逐渐从一种民间游戏活动发展成一项竞技体育运动。冰壶运动规则和竞赛规则不仅使这项古老的体育运动更加正规化、标准化，还在不断改变着冰壶运动的竞赛方式，使这项运动更加具有智慧性和观赏性。

目前，世界冰壶联合会竞赛和规则委员会逐年对《冰壶运动规则与竞赛规则》进行修订。

中国现已成为冰壶运动发展最快的国家之一，不仅举办了奥运会、世锦赛等重大国际级赛事，而且国内冰壶赛事日趋频繁。高水准的赛事需要高水平的裁判员为其提供保障与支持。

本教材系统解析了冰壶运动规则与竞赛规则，详细阐述了冰壶竞赛组织编排、裁判员岗位职责与工作流程，以及特殊情景的实操方法。

我真心希望您能喜欢这本书！让我们一同加入推动中国乃至世界冰壶运动发展的行列吧！

大英帝国司令勋章获得者
世界冰壶联合会主席　　　　　凯特·凯斯内斯
北京体育大学名誉教授

前 言

冰壶运动历史悠久，文化底蕴深厚，是世界上发展最快的冬季体育运动之一。冰壶不仅是冬奥会正式比赛项目，还是一项极具群众参与性的冬季体育运动。

世界冰壶联合会颁布的《冰壶运动规则与竞赛规则》是冰壶运动与竞赛的法则，裁判员、教练员、运动员等利益相关方必须以它为准绳来处理与协调冰壶运动和冰壶竞赛中的一切问题，以确保所有运动员或参与者在同等条件下公平、公正地进行冰壶运动和冰壶竞赛活动。

中国从1995年开始引进、推广和发展冰壶运动，曾取得过举世瞩目的竞技成绩。北京2022年冬奥会和冬残奥会的成功举办使我国冰壶运动获得了全面、快速的发展，不仅竞赛体系进一步改进与完善，而且关注度和参与度大幅提升。中国举办的高水平冰壶赛事日益增多，为运动员创造优异成绩提供了更为广阔的平台。此时，严谨的竞赛组织、高水准的裁判水平、科学合理的裁判方法就显得尤为重要。

在教材撰写过程中，全体编写人员力求规则概念准确、裁判法逻辑清晰、程序全面规范。本教材主要特点如下：

第一，开创性与权威性。本教材是中国首部冰壶竞赛组织与裁判知识方面的专业书籍，是在世界冰壶联合会颁布的《冰壶运动规则与竞赛规则（2022版）》和《技术官员手册（2020版）》基础上，结合我国冰壶竞赛组织与裁判工作实际，汲取诸多国内高水平冰壶教练员、运动员和裁判员的实践经验与知识精华编著而成的。

第二，可读性与实用性。本教材并不是对冰壶规则的简单翻译，而是针对不同阅读对象的实际需求和国内冰壶赛事的实际情况，对英文版的冰壶规则内容进行了分类整合，并增加了竞赛编排及裁判方法等方面的实操内容。

　　第三，实践性与教育性。本教材在规则解读的基础上更加突出对实践操作能力的培养，同时密切联系教学实际，深入挖掘知识体系中蕴含的思想价值和精神内涵，将中华体育精神、北京冬奥精神和冰壶精神融入内容设计之中，将价值塑造、能力培养、知识传授融为一体，力求帮助读者塑造正确的世界观、人生观、价值观。

　　本教材既可以作为中国冰壶协会及其他相关组织的培训用书，也可以作为各类院校相关专业的教学用书，还可以作为各级冰壶赛事的竞赛工作手册，以及冰壶运动员和教练员的知识读本。

　　本教材在撰写过程中还得到了世界冰壶联合会、中国冰壶协会裁判员委员会的大力支持和帮助。世界冰壶联合会主席凯特·凯斯内斯女士为本书作序。在此一并致以崇高的敬意，真诚道一声：谢谢！对于书中的不完善及错误之处，在此恳请广大读者在使用过程中予以包涵和批评指正。

本书编委会
2022 年 8 月 15 日

目 录

第一章　冰壶运动基础知识 ································· 001
  第一节　冰壶运动简介 ······································· 001
  第二节　世界冰壶运动发展简史 ····························· 002
  第三节　中国冰壶运动发展简介 ····························· 004
  第四节　世界冰壶联合会 ····································· 006
  第五节　顶级赛事介绍 ······································· 008

第二章　冰壶竞赛项目与竞赛方法 ························· 012
  第一节　赛事分类与项目设置 ······························· 012
  第二节　竞赛规程 ·· 013
  第三节　竞赛方法 ·· 016
  第四节　竞赛编排 ·· 020
  第五节　排名程序 ·· 033
  第六节　常用赛制 ·· 036
  第七节　工作表格 ·· 038

第三章　冰壶竞赛运行设施与器材 ························· 054
  第一节　场地设施与器材 ···································· 054
  第二节　运动装备 ·· 061
  第三节　竞赛器材 ·· 065

第四章　冰壶运动规则与竞赛规则解析 ········· 068
- 第一节　器材装备规则与判罚 ········· 068
- 第二节　参赛队伍与运动员站位 ········· 072
- 第三节　冰壶分配与选择 ········· 075
- 第四节　投壶规则与判罚 ········· 076
- 第五节　扫冰规则与判罚 ········· 081
- 第六节　触碰或移动冰壶规则与判罚 ········· 082
- 第七节　计分规则 ········· 083
- 第八节　比赛时间 ········· 086
- 第九节　点球投壶与全队投壶赛 ········· 089
- 第十节　混合双人项目特殊规则 ········· 091
- 第十一节　混合四人项目特殊规则 ········· 094

第五章　冰壶裁判员 ········· 096
- 第一节　工作守则与行为准则 ········· 096
- 第二节　权利与义务、着装规范与岗位类型 ········· 098
- 第三节　岗位职责与工作内容 ········· 101

第六章　裁判方法与实践指南 ········· 114
- 第一节　赛前核验与实践演练 ········· 114
- 第二节　执场裁判员常规工作流程 ········· 116
- 第三节　冰壶刷随机抽检 ········· 118
- 第四节　会议议程与流程 ········· 118
- 第五节　官方训练 ········· 122
- 第六节　点球投壶程序 ········· 124
- 第七节　特殊情况处理程序 ········· 124
- 第八节　冰壶保养与维护 ········· 129
- 第九节　时间控制规则与程序 ········· 130
- 第十节　测量的规则与程序 ········· 138

第十一节　复赛阶段的冰壶选择 …………………………………………… 143
　　第十二节　特定区域和仪式 ………………………………………………… 144
　　第十三节　计时系统与统计系统 …………………………………………… 147

第七章　轮椅冰壶 ………………………………………………………………… 151
　　第一节　轮椅冰壶运动发展简史 …………………………………………… 151
　　第二节　顶级赛事介绍 ……………………………………………………… 152
　　第三节　轮椅冰壶特殊规则 ………………………………………………… 153
　　第四节　冰上助理的工作职责与工作流程 ………………………………… 158
　　第五节　无障碍设施 ………………………………………………………… 161

第八章　常用词汇和规范用语（中英文对照）………………………………… 163

附　录 ……………………………………………………………………………… 176
　　附录一　全国冰雪项目体育竞赛裁判员管理办法（修订）……………… 176
　　附录二　体育仲裁规则 ……………………………………………………… 182
　　附录三　冰壶运动员技术等级标准 ………………………………………… 199

参考文献 …………………………………………………………………………… 201

第一章 CHAPTER 01
冰壶运动基础知识

> **本章提要**
>
> 冰壶的运动形式简单、竞技特征深奥，在500多年的发展史中形成了深厚的文化底蕴，作为冬奥会正式比赛项目之一，现已遍及69个国家和地区。目前，冰壶运动起源问题在冰壶界仍然存在争议。世界冰壶联合会在冰壶国际化、职业化发展过程发挥了重要作用。
>
> 早在20世纪90年代，中国冰壶运动的先驱者已经认识到，冰壶适合中国人发挥自身优势。我国冰壶在二十余年的发展中也取得了令人瞩目的竞技成绩。中国冰壶运动发展过程中的宝贵经验和有效做法值得吸纳与借鉴，优良传统和优秀文化值得传承与发扬。

第一节 冰壶运动简介

冰壶是一项动与静、技巧与智慧、个人与集体相结合，且战术性较强的体育运动，是一项凝聚集体智慧较量的体育运动，是一项物体（冰壶）脱离身体控制以后运动轨迹仍然可以通过某种技术动作（扫冰）而发生改变的体育运动，是一项双方队伍交替投壶的冰上体育运动。冰壶比赛以"局"为单位。男子和女子项目在每局比赛中，比赛双方的运动员各交替投掷2个冰壶。当16个冰壶投完之后，一局比赛结束。一场冰壶比赛通常由8或10局组成，最终得分多者获胜。在10局制的比赛中，复赛阶段的比赛至少要完成8局，其他阶段的比赛至少要完成6局。在8局制的比赛中，至少要完成6局。

在一局比赛中，每一个比对手的冰壶更加靠近圆心点的冰壶计为1分。只有大本营内的冰壶才是计分壶，而且一局比赛中只有一支队伍得分。然后，比赛向相对方向进行。通常情况下，上一局比赛中得分的队伍在本局比赛中优先投掷冰壶。

器材：冰壶大约重20公斤，由不含云母的花岗岩制成。冰壶鞋分为滑行脚和踏板脚。冰壶刷必须符合世界冰壶联合会（World Curling Federation，WCF）制定的《竞赛器材规范》。

冰面：冰壶运动使用的冰面在经过专业处理之后，喷洒细小的水滴（冰点）。冰壶底部在冰冻的冰点上滑行。

投壶：运动员在投壶出手前向冰壶手柄施加顺时针或逆时针方向的旋转，这将决定冰壶在冰面上滑行的方向和"弧度"。四垒或队长（指挥）负责制定投壶决策，并指明投掷壶的旋转、投壶线路和预期停在比赛端的具体位置。投壶运动员从一个固定的支撑点（踏板）启动投壶，投壶的瞄准点通常是四垒或队长（指挥）的冰壶刷。冰壶必须在投壶端前掷线前投壶出手，投掷壶通过比赛端前掷线即为有效壶。但是，如果冰壶触碰到边线或越过比赛端底线等，则要移出比赛区域。另外两名运动员跟随冰壶向前移动，时刻做好在必要时进行扫冰的准备。

扫冰：运动员使用冰壶刷摩擦冰壶前方的冰面，以对其运动轨迹和滑行速度产生特殊影响。扫冰的主要原理是通过减小冰壶与冰面之间的摩擦系数，进而影响和控制冰壶的运动轨迹和滑行距离。

战略：冰壶常被形容为"冰上棋类运动"。基本策略主要包括后手方努力保持中区畅通，试图得到2分及以上的分数，以及先手方尝试控制中区，希望在本局比赛中实现"偷分"。

冰壶精神：冰壶运动最重要的一个方面就是运动精神（体育道德）。冰壶比赛开始和结束时，比赛双方运动员都需相互握手。无论是场上还是场外，公平比赛和适当的礼仪都非常重要。

第二节　世界冰壶运动发展简史

冰壶运动确切的起源时间和地点至今尚无定论。但人们普遍认为，冰壶是世界上最古老的团队运动项目之一。16世纪，佛兰德斯著名艺术家彼得·勃鲁盖尔（Pieter Breughel）创作的油画作品描绘了佛兰德斯农民正在冰冻的池塘上进行着类似于现代冰壶运动的场景。1540年，苏格兰佩斯利的公证员约翰·麦奎因（John McQuhin）在公正簿中记录了佩斯利修道院（Paisley Abbey）的僧侣约翰·斯卡拉特（John Sclater）和修道院院长代表加文·汉密尔顿（Gavin Hamilton）之间的一场冰上投石挑战赛。这是冰壶比赛最早的文字记录，使用的文字是拉丁文。此外，苏格兰在斯特灵发现了一个刻有"1511"年份字样的"冰壶石"（图1-1），同时还发现了少量刻有"1551"和"1611"年份字样的"冰壶石"。

世界冰壶联合会并没有对冰壶运动的起源进行明确说明，只表述为"16世纪的苏格兰和荷兰已经有了冰壶运动存在的文字证据"。

图1-1 刻有"1511"年份字样的冰壶石（26磅）

根据现有研究，世界上第一个冰壶俱乐部是苏格兰的金罗斯郡于1668年成立的金罗斯冰壶俱乐部（Kinross Curling Club）。19世纪，冰壶运动传播到了苏格兰人定居过的世界各个气候同样寒冷的地方，主要是加拿大、美国、瑞典、瑞士、挪威和新西兰。

冰壶运动起源初期的运动规则和竞赛规则暂无史料可查。根据学者推测，冰壶运动诞生初期并无统一的运动与竞赛规则，只要比赛双方对比赛规则达成一致意见，便可以开始冰壶比赛。邓丁斯顿冰壶协会（Duddingston Curling Society）撰写了世界上第一版冰壶竞赛规则，并于1806年1月6日经协会会员讨论通过，用于协会内部的冰壶比赛。1838年，苏格兰爱丁堡（Edinburgh）成立的喀里多尼亚冰壶俱乐部（Grand Caledonian Curling Club）对邓丁斯顿版本的冰壶竞赛规则进行了重新修订，并将其正式命名为《冰壶竞赛规则》。最为重要的是，1838年版的《冰壶竞赛规则》是冰壶领域公认的第一部正式冰壶竞赛规则，而且此后的所有规则版本皆是以此为蓝本的修订版。

喀里多尼亚冰壶俱乐部于1843年正式更名为苏格兰皇家冰壶俱乐部（Royal

Caledonian Curling Club，RCCC）。直到 20 世纪 60 年代，北美冰壶运动的国际管理组织都是苏格兰皇家冰壶俱乐部。苏格兰皇家冰壶俱乐部实际就成了这一时期冰壶运动的世界性管理组织，推动了国家之间冰壶比赛的出现与繁荣发展。

1959 年，苏格兰和加拿大达成了一个里程碑式的共识，即举办"苏格兰杯"（Scotch Cup），它是两国男子冰壶比赛全国冠军队伍之间的系列比赛。之后，美国（1961 年）、瑞典（1962 年）、挪威和瑞士（1964 年）纷纷加入苏格兰杯，参赛队伍和赛事规模迅速扩大。鉴于苏格兰杯的成功，苏格兰皇家冰壶俱乐部于 1965 年 3 月在苏格兰珀斯召开会议商讨创建一个冰壶运动的全球性管理机构。最终，苏格兰、加拿大、美国、瑞典、挪威、瑞士 6 个国家通过了组建苏格兰皇家冰壶俱乐部国际冰壶理事会（International Council of Curling）的提案，当时仅是苏格兰皇家冰壶俱乐部的一个部门。1966 年 4 月 1 日，国际冰壶联合会（International Curling Federation，ICF）正式成立。美国并不是国际冰壶联合会的创始会员单位，1967 年才正式加入国际冰壶联合会。1982 年，国际冰壶联合会成了一个独立的实体，并成为世界冰壶运动的管理机构，而苏格兰皇家冰壶俱乐部被誉为"冰壶俱乐部之母"（Mother Club of Curling）。1990 年，国际冰壶联合会更名为世界冰壶联合会。

冰壶从 1998 年第 18 届冬奥会开始一直是冬奥会的正式比赛项目。2002 年 3 月，国际残奥委员会（International Paralympic Committee，IPC）正式授予轮椅冰壶为冬残奥会的正式比赛项目，且 2006 年意大利都灵冬残奥会组委会同意将轮椅冰壶纳入正式比赛项目。同年推出的其他国际赛事还有世界老年冰壶锦标赛。2003 年，冰壶首次出现在世界大学生冬季运动会和亚洲冬季运动会的项目之中。

2015 年，冰壶混双项目成为 2018 年韩国平昌冬奥会新增的正式比赛项目，共有 8 支队伍向奖牌发起冲击。同年，国际残奥委会批准 2018 年韩国平昌冬残奥会轮椅冰壶比赛将参赛队伍从 10 支扩大到 12 支。

2018 年，世界冰壶联合会推出了冰壶世界杯，是一项四回合制的系列赛，女子、男子和混双队伍代表各自的会员单位，为荣誉和奖金而战。

第三节　中国冰壶运动发展简介

1995 年，冰壶运动进入中国。在加拿大和日本的帮助之下，1995 年 3 月 11—15 日，哈尔滨冰上基地举办了中国体育史上第 1 届冰壶讲习班，即全国首届冰壶项目教练员裁判员学习班。此后，黑龙江省又分别于1996年、1998年和1999年举办了3届冰壶讲习班，冰壶运动在黑龙江省得到了快速推广与发展。

哈尔滨市体育运动学校于2000年3月成立了中国第一支业余冰壶队。为了备战和参加国际冰壶赛事，中国于2002年组建了男子冰壶国家队，2003年3月正式成立了女子冰壶国家队。

2001年7月24日，国家体育总局办公厅正式批复：同意成立中国冰壶协会。2002年4月10日，世界冰壶联合会在美国俾斯麦举行的年度全体代表大会上宣布中国为世界冰壶联合会会员单位，中国正式加入世界冰壶联合会。同年，冰壶被列为2003年全国第10届冬季运动会正式比赛项目。2004年，冰壶又被国家体育总局列为冬季项目中重点发展的冰上项目。

中国冰壶国家队从2002年开始参加正规洲际级冰壶赛事，从2005年开始参加正规国际级冰壶赛事[1]。经过十几年的探索与实践，历经挫折与失败，中国冰壶运动迅速崛起，取得了优异而辉煌的竞技成绩。全国亿万群众对冰壶运动的关注与参与程度逐级提升，冰壶赛事体系愈加完善，冰壶馆和冰壶道数量实现了高质量跨越式增长。中国已然成为未来世界冰壶运动发展的重要引擎和动力之源。2008—2014年，中国冰壶国家队在泛太平洋地区几乎处于统治地位，中国男子冰壶国家队在泛太平洋冰壶锦标赛（亚太冰壶锦标赛）上豪取七连冠，中国女子冰壶国家队也取得五届泛太平洋冰壶锦标赛（亚太冰壶锦标赛）冠军。值得一提的是，2009年3月25日，中国女子冰壶队在世界女子冰壶锦标赛上获得了一枚宝贵的金牌，这使中国冰壶队一举为世人所瞩目，这也是我国第一个冬季集体竞技项目的世锦赛冠军。

但从2015年开始，中国竞技冰壶运动的发展陷入了低谷。中国冰壶国家队不仅在2015—2020年失去了亚洲的绝对霸主地位，而且在国际赛场上的竞技成绩也十分不理想。这一阶段，中国女子冰壶国家队在世界冰壶锦标赛的赛场上取得的最好成绩是第6名，中国男子冰壶国家队没能获得2018年平昌冬奥会的参赛资格。为数不多的亮点是，中国北京承办了2018—2019赛季冰壶世界杯总决赛，中国男子冰壶国家队获得世界杯总决赛亚军。

中国冰壶运动为什么会失去亚洲的霸主地位，为什么会在国际赛场上表现欠

---

[1] 中国青年男女冰壶队曾于2004年参加了世界青年冰壶锦标赛（B组）的比赛，因为是B级别的赛事，所以没有纳入统计范围。

佳，其主要原因如下：一是中国冰壶运动竞技水平的快速提升致使世界冰壶强国开始"重点关注"中国冰壶国家队，并对我们的技术风格和战术特点进行针对性研究，原有的核心竞争力已经明显弱化，新的核心竞争力尚未形成；二是世界冰壶运动的技战术水平不断提高，对抗强度不断提升，而我们对冰壶运动项目特征和竞技规律的研究不够深入，对技战术和竞赛规则的发展方向与发展趋势缺乏前瞻性研判；三是中国冰壶国家队正处在"新老交替"的过渡转型期，将优秀的、有潜力的年轻运动员吸纳到国家集训队伍，却没有收到预期效果。因此，中国冰壶运动尚处于基础实力薄弱、整体水平有待提高的初级发展阶段。

中国人最具学习能力，中国冰壶人也从不缺乏学习能力和学习精神。中国冰壶运动在短短不到30年的时间里不仅实现从无到有，还实现从弱到强的跨越式发展。这离不开中国冰壶运动先驱者的智慧与付出，也是教练员和运动员大胆实践、勇于创新的结果。当代冰壶人需要具备直面困境、正视羁绊的勇气与信念，以史为鉴，审思现在，不断探索中国冰壶运动创新发展与融合发展的新方案。

第四节　世界冰壶联合会

一、世界冰壶联合会发展简介

世界冰壶联合会创立于1966年的春天，初创会员是当时参加苏格兰杯比赛的6个国家（加拿大、法国、挪威、苏格兰、瑞典和瑞士），初定名称为国际冰壶理事会，隶属于苏格兰皇家冰壶俱乐部。

世界冰壶联合会网站：https://worldcurling.org/。

如表1-1所示，截至2022年10月，世界冰壶联合会共有69个国家和地区的会员单位。

表1-1　世界冰壶联合会会员单位列表

序号	入会时间	会员单位	累计数量
1	1966	加拿大 法国 挪威 苏格兰 瑞典 瑞士	6
2	1967	德国 美国	8
3	1971	丹麦 英格兰	10
4	1972	意大利	11

续表

序号	入会时间	会员单位	累计数量
5	1975	荷兰	12
6	1976	卢森堡	13
7	1979	芬兰	14
8	1982	奥地利 威尔士	16
9	1985	日本	17
10	1986	澳大利亚	18
11	1989	匈牙利	19
12	1990	捷克共和国	20
13	1991	安道尔 冰岛 列支敦士登 新西兰 美属维尔京群岛	25
14	1992	俄罗斯	26
15	1994	韩国	27
16	1997	白俄罗斯	28
17	1998	巴西 中国台北	30
18	1999	西班牙	31
19	2001	拉脱维亚	32
20	2002	中国	33
21	2003	爱沙尼亚 爱尔兰 哈萨克斯坦 立陶宛 波兰[1] 斯洛伐克	39
22	2004	克罗地亚	40
23	2005	比利时 塞尔维亚	42
24	2009	土耳其	43
25	2010	罗马尼亚 斯洛文尼亚	45
26	2012	科索沃 蒙古	47
27	2013	保加利亚 以色列 乌克兰 格鲁吉亚	51
28	2014	中国香港 卡塔尔	53
29	2015	希腊	54
30	2016	圭亚那 墨西哥	56
31	2017	阿富汗 吉尔吉斯斯坦 葡萄牙 沙特阿拉伯	60
32	2018	尼日利亚	61

续表

序号	入会时间	会员单位	累计数量
33	2019	多米尼加共和国 印度 科威特	64
34	2020	玻利维亚 土库曼斯坦	66
35	2021	肯尼亚	67
36	2022	泰国 波黑 牙买加	70

数据来源：世界冰壶联合会官方网站——https://worldcurling.org/member-associations/。

❶世界冰壶联合会2020年9月6日召开的年度大会上正式暂停了波兰冰壶协会的会员资格。

二、世界冰壶联合会的职责

世界冰壶联合会的职责是在国际上作为冰壶运动的代表，促进冰壶运动在世界各国的发展；促进协会会员之间的合作与相互了解，团结全世界冰壶运动爱好者；维护世界冰壶运动的利益；组织冰壶比赛，制定竞赛规则；尊重协会会员的自治。

第五节 顶级赛事介绍

一、冬季奥林匹克运动会

冰壶是1924年法国夏蒙尼（Chamonix）第1届冬奥会的比赛项目。此后，冰壶曾多次以表演项目的身份出现在冬奥会的舞台。冰壶分别是1932年美国普莱西德湖冬奥会、1988年加拿大卡尔加里冬奥会和1992年法国阿尔贝维尔冬奥会的表演项目，并最终成为1998年日本长野冬奥会的正式比赛项目。

1992年7月21日，国际奥林匹克委员会（International Olympic Committee，IOC）在西班牙巴塞罗那举行的会议上授予了男子和女子冰壶项目为冬奥会的正式比赛项目，将于2002年冬奥会前生效，并有可能在1998年日本长野冬奥会上生效。1993年6月22—23日在洛桑举行的国际奥委会执行委员会会议（IOC Executive Board）上，长野冬奥会组委会正式同意将冰壶列为1998年第18届冬季奥林匹克运动会的正式比赛项目。该届冬奥会上共有8支男子冰壶队和8支女子冰壶队参加了冰壶项目的比赛。2002年，美国盐湖城冬奥会冰壶项目男子和女子的参赛队伍各扩增到10支。2015年，国际奥委会将混合双人项目列为2018年韩国平昌冬奥会的正式比赛项目。2022年，北京冬奥会冰壶混双项目参赛队伍从8支增加到10支。

二、世界男子冰壶锦标赛

1959年，苏格兰和加拿大达成了一个里程碑式的共识，即组织两国男子全国冰壶冠军队伍之间的冰壶系列比赛，并称之为"苏格兰杯"。1959—1967赛季的成绩在世界男子冰壶锦标赛的历史上得到了认可。1968年，加拿大航空公司"银扫帚"取代了苏格兰杯，并且将其认定为世界男子冰壶锦标赛。

1968年，第1届世界男子冰壶锦标赛在加拿大魁北克省的潘特克莱尔举行，因与加拿大航空公司达成赞助协议，故被命名为"加拿大航空银扫帚"。

1973年，世界男子冰壶锦标赛在加拿大的里贾纳举办，参赛队伍第一次扩大到10支。1989—2004年，世界男子冰壶锦标赛和世界女子冰壶锦标赛是同一个赛事，即世界冰壶锦标赛。2005年，世界冰壶锦标赛又分为两个独立赛事之后，世界男子冰壶锦标赛和世界女子冰壶锦标赛各扩展到12支参赛队伍。

2014年，中国北京举办了世界男子冰壶锦标赛，这也是该项赛事第一次在亚洲举办。

三、世界女子冰壶锦标赛

1979年，苏格兰珀斯举办了首届世界女子冰壶锦标赛。1989—2004年，世界女子冰壶锦标赛与世界男子冰壶锦标赛合并为世界冰壶锦标赛。2007年，世界女子冰壶锦标赛首次在亚洲举行，地点是日本青森。中国北京举办了2017年世界女子冰壶锦标赛。

四、世界混双冰壶锦标赛

2008年，芬兰维耶鲁梅基举办了首届世界混双冰壶锦标赛。世界混双冰壶锦标赛曾是一项开放性赛事，第1届有24个协会的代表队参赛，2016年的参赛队伍达到了42支。冰壶混双项目是世界冰壶锦标赛的新成员，并从2018年韩国平昌冬奥会开始成为冬奥会的正式比赛项目。冰壶混双项目为许多世界冰壶联合会会员单位提供了在顶级冰壶赛事自我展示的机会与平台，比如奥地利、捷克共和国、法国、新西兰、西班牙和匈牙利等。

截至 2022 年 10 月，加拿大（3 次）、俄罗斯（2 次）、苏格兰（2 次）、瑞典（2 次）、芬兰、意大利、土耳其、挪威、美国和瑞士 10 个不同的国家举办了前 15 届世界混双冰壶锦标赛。

五、世界混合四人冰壶锦标赛

经世界冰壶联合会批准，2015 年 9 月在瑞士伯尔尼举办了第 1 届世界混合四人冰壶锦标赛，共有 36 支队伍参赛。

截至 2022 年 10 月，世界混合四人冰壶锦标赛共举办 5 届，其中加拿大 2 次夺冠，苏格兰、俄罗斯和挪威各获得 1 枚世锦赛金牌。

六、世界青年冰壶锦标赛

1975 年，首届世界青年冰壶锦标赛在加拿大安大略省东约克举办，但只设男子 4 人项目，共 9 个协会的冰壶队伍参赛。1976 年，世界青年冰壶锦标赛在苏格兰的阿维莫尔举行，参赛队伍扩展到 10 支。

1988 年，第 1 届世界青年女子冰壶锦标赛在法国的夏蒙尼举行，共有 9 支队伍参赛，加拿大击败瑞士获得冠军。自 1991 年起，世界青年女子冰壶锦标赛和世界青年男子冰壶锦标赛合并为一个赛事，即世界青年冰壶锦标赛。自 1997 年起，世界青年冰壶锦标赛就成了下一年冬季奥林匹克运动会冰壶项目的测试赛，并一直延续至今。

七、亚太冰壶锦标赛

1991 年，首届泛太平洋冰壶锦标赛（Pacific Curling Championship）在日本相模原举行，男子四人比赛的参赛队伍有澳大利亚、日本和新西兰，女子四人比赛的参赛队伍是澳大利亚和日本。2011 年，泛太平洋冰壶锦标赛更名为亚太冰壶锦标赛（Pacific-Asia Curling Championship）。

亚太冰壶锦标赛虽然赛事规模很小，但在冰壶运动对奥林匹克的认可方面有着巨大的重要战略意义，这使世界冰壶联合会能够证明世锦赛级别的冰壶赛事已经覆盖到了亚洲和澳大拉西亚（Australasia）[①]。

[①] 拉丁语，一般指大洋洲的一个地区，澳大利亚、新西兰和邻近的太平洋岛屿，有时也泛指大洋洲和太平洋岛屿。

亚太冰壶锦标赛是世界冰壶联合会亚太地区各会员协会参加世界冰壶锦标赛的资格赛。近年来，赛事规模逐年扩大。2019 年，亚太冰壶锦标赛女子项目参赛队伍达到 8 支，男子项目的参赛队伍达到 10 支。

截至 2022 年 10 月，亚太冰壶锦标赛共举办 30 届，其中 9 次在日本、5 次在韩国，新西兰和中国各 4 次，澳大利亚 3 次，哈萨克斯坦 2 次和中国台北 1 次。此外，1998 年和 2000 年亚太冰壶锦标赛的举办地是加拿大的不列颠哥伦比亚省。

目前，亚太冰壶锦标赛与美洲区挑战赛（The Americas Zone）合并为泛大陆冰壶锦标赛（Pan Continental Curling Championships）。首届泛大陆冰壶锦标赛于 2022 年 10 月 31—11 月 6 日在加拿大举行。

思考与练习

1. 为什么世界冰壶联合会并没有对冰壶运动的起源进行明确说明？

2. 结合本章内容，请思考中国竞技冰壶运动取得快速突破和陷入发展瓶颈的主要原因。

3. 结合本章内容，请思考中国冰壶运动先驱者们哪些优秀的精神品质值得我们学习。

第二章 CHAPTER 02
冰壶竞赛项目与竞赛方法

> **本章提要**
>
> 竞赛的公平性始于竞赛规程和竞赛方法的公平性与合理性。竞赛规程是运动竞赛得以顺利进行的重要保证，是竞赛的组织者、运动员、教练员、裁判员和工作人员必须共同遵守的准则，是组织运动竞赛的依据。竞赛方法是指从比赛开始、比赛期间直至比赛结束的过程中，为合理比较参赛者的运动水平，公正排定参赛者的比赛名次所采取的组织和编排方式。冰壶比赛编排工作应遵循项目特有的编排原则，确保比赛具有公平的竞技条件。这就要求裁判员不仅要熟悉冰壶运动的竞赛方法和排名程序，熟知冰壶运动的常用赛制，还要具有严谨的工作态度和公平、公正的价值观念。

第一节 赛事分类与项目设置

一、赛事分类

根据赛事规模和层次，冰壶赛事大体可以分为国际性冰壶赛事、洲际性冰壶赛事、全国性冰壶赛事和地区性冰壶赛事。

① **国际性冰壶赛事**：冬季奥林匹克运动会、冬残奥会、冬季青年奥林匹克运动会、世界大学生冬季运动会、世界男子冰壶锦标赛、世界女子冰壶锦标赛、世界混双冰壶锦标赛、世界混合四人冰壶锦标赛、世界青年冰壶锦标赛、世界轮椅冰壶锦标赛、世界老年冰壶锦标赛等。

② **洲际性冰壶赛事**：亚洲冬季运动会、欧洲冰壶锦标赛、亚太冰壶锦标赛、泛太平洋青年冰壶锦标赛、泛大陆冰壶锦标赛等。

③ **全国性冰壶赛事**：全国冬季运动会、全国冰壶冠军赛、全国冰壶锦标赛、全国大学生冰壶锦标赛和全国 U 系列冰壶比赛等。

④ **地区性冰壶赛事**：省（区、市）冬季运动会、省（区、市）冰壶锦标赛、省（区、市）青少年冰壶锦标赛等。

二、项目设置

根据运动员的人数和性别，冰壶比赛项目通常分为 4 个小项：男子冰壶、女子冰壶、混合双人冰壶和混合四人冰壶。

第二节　竞赛规程

竞赛规程是运动竞赛得以顺利进行的重要保证，是竞赛的组织者、运动员、教练员、裁判员和工作人员必须共同遵守的准则，是组织运动竞赛的依据。冰壶竞赛规程是由组织冰壶赛事的竞赛组委会或筹备组等根据竞赛计划制定的具体实施本次冰壶比赛的政策与规定。具体来说，竞赛规程是比赛的方案或策划书。竞赛规程必须以文字形式定稿成文，并且要内容翔实、文字确切、条款清楚、措辞严谨。

单项赛事只需要制定单项竞赛规程，综合性运动会则需要同时制定竞赛规程总则（即总规程）和单项竞赛规程。冰壶比赛的竞赛规程一般包括以下内容或部分。在制定具体的竞赛规程时，可根据冰壶比赛的具体情况与要求进行取舍和补充。

一、赛事名称

根据赛事的总体目标任务确定赛事名称。赛事名称要体现出比赛性质、比赛年度或届次。在制定竞赛规程时，赛事名称应用全称，不可以使用简称。例如：第 3 届全国大学生冰壶锦标赛，2021—2022 赛季全国冰壶锦标赛。

二、目的任务

根据举行赛事活动的总体要求，简要说明此次比赛的目的和任务。例如：为贯彻落实党的十九大对体育工作提出的总体要求，实现"三亿人上冰雪"的发展目标，以及积极落实学校推进"三个转型"的重要举措，推动我国和我校冰壶运动的开展与普及，特举办北京体育大学校运会冰壶比赛。

三、比赛时间、地点和组织单位

比赛时间应清楚表明小组赛、复赛（含决赛）等开始和结束的年、月、日，举行比赛的地点（省、市、区）和组织单位（主办单位、承办单位及协办单位）。

四、比赛项目和组别

根据比赛的性质、规模、参加单位、运动员的竞技水平、主办单位的要求和承办单位的实际情况设置比赛项目和组别。

五、参赛办法

（一）运动员资格

规定参赛运动员的资格或标准，包括运动员年龄、健康状况、代表资格、运动等级、注册情况等。

（二）参加单位和人数规定

按照有关规定明确参赛单位的条件、要求或列举参赛单位列表，以及各单位男、女运动员（运动队）数量，领队、教练员及工作人员数量，限报人数以及其他相关规定。

六、比赛办法

① 确定赛事采取的竞赛方法，如淘汰赛制、循环赛制、佩奇赛制和混合赛制等。确定比赛是否分阶段进行，各阶段采用的竞赛方法是否相同，各阶段比赛成绩如何计算和衔接等。

② 说明具体的编排原则和方法。

③ 明确比赛名次和（或）积分的计算办法。

④ 对运动员（运动队）违反竞赛规则的处罚方法，例如：弃赛、中退和取消比赛资格等。

⑤ 列举竞赛器材、运动员比赛服装等方面的具体要求。

七、竞赛规则

明确提出本次赛事采用的竞赛规则及补充规定等，例如：本次赛事采用世界冰壶联合会颁发的《冰壶运动规则与竞赛规则》（2022 年 10 月版）。

八、名次录取与奖励

① 规定本次赛事录取的名次，奖励优胜者的名次及办法。例如：对获胜队伍分别给予奖杯、奖状、奖章及奖金等。
② 设置体育道德风尚奖，并规定奖励办法和评选方法等。
③ 其他奖项的设置与奖励评选办法。

九、报名与报到

① 规定各参赛单位报名时间、截止报名日期与报名方式。如果需要提供书面报名材料，明确书面报名材料的格式与提交方式，以及违反报名规定的处理办法。
② 确定各参赛单位的报到日期和地点等，注明报到时应携带的材料或物品，以及违反报到规定的处理办法。

十、费用说明

规定各参赛单位、技术官员与裁判员等交通、食宿费用的标准及交付方式，费用承担方及发票开取事宜等。例如：各参赛单位差旅、住宿及伙食费自理。

十一、仲裁委员会与技术官员

确定仲裁委员会、技术代表、裁判长和裁判员的选派（选聘）办法、名额分配等，对裁判员的资格或等级要求，以及对裁判员赛前准备工作的要求等。

十二、兴奋剂和性别检测

明确阐述兴奋剂和性别检测的相关规定与要求。

十三、保险

明确所有相关人员需要办理的险种类型等。

十四、未尽事宜，另行通知

未尽事宜的补充和通知办法。例如：食宿条件、交通和经费等。

十五、本规程解释权的归属单位

通常情况下，竞赛规程的解释权归属赛事主办单位的有关部门所有。

第三节 竞赛方法

竞赛方法是指从比赛开始、比赛期间直至比赛结束的过程中，为合理比较参赛者的运动水平，公正排定参赛者的比赛名次所采取的组织和编排方式。组织编排及完成竞赛的方法亦称为竞赛制度，简称"赛制"。冰壶比赛通常采用循环赛制、淘汰赛制、佩奇赛制和混合赛制等竞赛方法。

一、循环赛制

循环赛制（简称循环赛）是指所有参赛队伍（运动员）相互之间轮流进行比赛，最后按照其在循环赛中的成绩（积分或胜负场次等）排定名次的竞赛方法，主要包括单循环赛制、双循环赛制和分组循环赛制3种比赛形式。在实际的应用过程中，需要根据比赛的性质与要求，采用相应的循环赛形式，以实现赛事的目的与任务。

（一）单循环赛制

单循环赛制是指所有参赛队伍（运动员）在竞赛过程中均能相遇一次，最后按照参赛队伍（运动员）的积分或胜负场次等排列名次的竞赛方法。单循环赛制一般在参赛队伍（运动员）数量不多，又有足够的竞赛时间和比赛场地时采用。单循环赛制中的所有参赛队伍（运动员）均有相遇比赛的机会，是一种比较公平合理的赛制。它的主要缺点是比赛场数多、竞赛时间长，经常会出现较多实力悬殊的比赛。

（二）双循环赛制

双循环赛制是指所有参赛队伍（运动员）均要相遇比赛2次，最后按照参赛队伍（运动员）在两轮循环中全部比赛的积分或胜负场次等排列名次的竞赛方法。如果参赛队伍（运动员）数量较少，且比赛以锻炼队伍、增进交流为主要目的时，通常会采用双循环赛制。双循环赛制能使参赛队伍（运动员）有较多的比赛机会，比赛结果能较为真实地反映出各参赛队伍（运动员）的竞技水平，但比赛场数多，对比赛场地和竞赛时间要求高。

（三）分组循环赛制

分组循环赛制是将所有参赛队伍（运动员）先分成若干小组，然后进行组内单循环的竞赛方法。采用分组循环赛制时，一般会事先确定"种子"队（选手），使"种子"队（选手）分入各组，以免强队（高水平运动员）过于集中、过早相遇而被淘汰。分组循环赛制适用于参赛队伍（运动员）数量较多、竞赛时间较少的赛事，可以在规定的竞赛时间内较合理、较公平地完成比赛任务。分组循环赛通常可以分为：分组不分阶段的循环赛和分组又分阶段的循环赛。

1. 分组不分阶段的循环赛

第一种是等级制比赛，即按照参赛队伍（运动员）的竞技水平划分为若干等级进行分组循环赛。例如：40支队伍参加比赛，将其按照参赛队伍竞技水平的高低分为4个级别，即甲、乙、丙、丁。每个级别10支参赛队伍，比赛只在同一级别内进行，共需要进行180场比赛。如果采用单循环赛制，则需要进行780场比赛。

第二种是分区制比赛，即按照地区进行分组，划分为若干组别进行分组循环赛。例如：40支队伍参加比赛，将其划分为4个赛区，每个赛区10支参赛队伍，各自进行比赛。比赛分别在各个赛区进行，各赛区比赛结束，整个分区赛亦宣告结束。

2. 分组又分阶段的循环赛

分组循环赛通常先进行小组循环赛，然后再根据小组排名组织第二阶段和（或）第三阶段的比赛，可以用比较少的比赛场数完成所有阶段比赛，同时产生所有参赛队伍的名次。

二、淘汰赛制

淘汰赛制（简称淘汰赛）是指所有参赛队伍（运动员）按照排定的顺序进行比赛，胜者进入下一轮，负者退出比赛，直至产生最后一名获胜者（冠军）的竞赛方法，主要包括单淘汰赛制、双淘汰赛制和交叉淘汰赛制等比赛形式。淘汰赛制的比赛不允许平局结束，每场比赛都必须分出胜负。在竞赛时间和比赛场地相同的情况下，淘汰赛可以容纳较多的参赛队伍（运动员），较为节省人力、物力，并可以使比赛的激烈程度得到逐步提升。但是，淘汰赛也存在某些缺陷，由于负者（1场或2场等）即被淘汰，所以大部分参赛队伍（运动员）参加比赛的机会较少，因此该赛制机遇性较强、合理性较差。为了弥补淘汰赛的缺陷，实际应用中通常会采用如下措施或办法：部分号码位置"轮空""抢号"，或设立"种子"队（选手）及使用抽签的方法排定比赛秩序等。

（一）单淘汰赛制

单淘汰赛制是指参赛队伍（运动员）失败一次即退出比赛，直至产生最后获胜者的竞赛方法，又称单败淘汰赛。单淘汰赛的组织形式易于理解，比赛场数少、场地需求小，但是只能保证每支参赛队伍（运动员）有一次比赛机会，准确、合理、公正的"种子"编排难度大。

（二）双淘汰赛制

双淘汰赛制是指参赛队伍（运动员）按照编排的秩序表进行比赛，失败2场即被淘汰，直至产生最后获胜者的竞赛方法，又称双败淘汰赛。双淘汰赛可以保证每支参队伍（运动员）至少可以比赛2场，但是比赛轮次较多，各支参赛队伍（运动员）实际比赛的场次不均衡。

（三）交叉淘汰赛制

交叉淘汰赛制是指上一阶段比赛中不同名次的参赛队伍（运动员）互相交叉进行比赛，胜者继续比赛，负者即被淘汰的竞赛方法。交叉淘汰赛不能作为一项赛事的唯一竞赛方法，需要与其他竞赛方法一同使用。冰壶比赛的复赛阶段常采用交叉淘汰赛最终决出优胜名次。

三、佩奇赛制

佩奇赛制（简称佩奇制）是一种应用于整个竞赛某一阶段（往往用于决赛阶段）的小范围内的具体竞赛方法。佩奇制一般只涉及排列 4 支队伍（运动员）的名次，不可用来组织一次完整的比赛。佩奇制的优点在于即使强队（高水平运动员）偶然失败 1 次或数次，也仍有争夺冠军的机会，极大地减少了比赛的偶然性。这与双淘汰赛类似，但比赛的场数更少。

四、混合赛制

混合赛制（简称混合赛）是循环赛制、淘汰赛制和佩奇赛制等在比赛中交叉使用的竞赛方法。体育比赛通常会划分为 2 个或多个阶段，而且每个阶段所采用的赛制有所不同。混合赛综合了各种相关赛制的优点，并弥补了它们的不足，有利于参赛者相互交流，最大限度地减少了比赛的偶然性。同时，随着比赛进程的推进，比赛会逐渐进入高潮，竞争愈加激烈，精彩纷呈。通常情况下，冰壶比赛一般会分阶段进行，小组赛阶段采用循环赛制，复赛阶段采用淘汰赛制或佩奇赛制。

（一）先循环赛，后淘汰赛

比赛分为两个阶段：第一阶段先将参赛队伍（运动员）分成若干小组，分组进行单循环赛；第二阶段再进行各小组的同名次单淘汰赛或交叉淘汰赛，决出部分或全部名次。这种竞赛方法可以在稍微增加比赛场数的情况下，使部分参赛队伍（运动员）得到较多的比赛机会，同时也使比赛最终排名更加趋于合理。

（二）先淘汰赛，后循环赛

比赛分为两个阶段，先采用单淘汰赛的方法，将大多数或绝大多数的参赛队伍（运动员）淘汰，最后剩下的少数优胜者再进行单循环赛。在参赛队伍（运动员）较多的情况下，可以采用此种竞赛方法，不仅竞赛时间短，还能使竞技水平较高的参赛队伍（运动员）有较多的比赛机会，最后产生的名次也较为准确与合理。

（三）先循环赛，后佩奇赛

当采用先循环赛后淘汰赛的竞赛方法时，参赛队伍（运动员）有时为了选择决赛阶段有利于自己的竞争对手，可能会在某些场次的比赛中出现"让球"现象。先循环赛后佩奇赛可以在一定程度上杜绝这种问题的发生。需要注意的是：佩奇制只涉及4支队伍（运动员）的比赛名次，一般只在决赛阶段采用。

第四节 竞赛编排

一、基本术语

（一）场数

每2支参赛队伍（运动员）之间比赛一次（不包括轮空），称为"一场"。全部比赛需要进行的比赛场次总数，即场数。场数是比赛的客观反映，是确定编排方案、计算竞赛时间与场地需求的重要依据。

（二）轮数

每支参赛队伍（运动员）均完成一场比赛（包括轮空），称为"一轮"。当采用"抢号"办法时，参赛队伍（运动员）的"抢号"赛应算作一轮。全部比赛中需要进行的轮次总数，即为轮数。

（三）种子

体育竞赛中被安排在各组中实力较强的参赛者（运动员或运动队），为"种子"。

（四）号码位置

号码位置即淘汰赛中安排参赛队伍（运动员）位置的号码。由于参赛队伍（运动员）的数量不一定恰好是2的指数，在确定淘汰赛的号码位置时，应根据参赛队伍（运动员）数量，选择最接近、较大或较小的2的指数作为号码位置数。

（五）轮空

某支参赛队伍（运动员）在不经过与另一支参赛队伍（运动员）进行角逐的情况下，自动进入下一轮比赛，此种情况称为"轮空"。

（六）抢号

抢号是指淘汰赛中某一个号码位置上同时安排两支参赛队伍（运动员），比赛的胜者即抢得该号码位置，进入下一轮比赛。

（七）分区

采用淘汰赛制的某些比赛中要把号码位置分成几个相等的部分，称为"分区"。

（八）附加赛

当需要确定相关参赛队伍（运动员）的名次顺序时，胜者与胜者、负者与负者再次进行比赛，这种增加的比赛，即附加赛。

（九）复赛

在冰壶比赛中，第一阶段比赛结束后再进行的所有比赛均称为复赛。复赛阶段的比赛可以包括八分之一决赛、四分之一决赛、资格赛、半决赛、决赛中的一种或几种。

（十）资格赛

在冰壶比赛中，资格赛即一项完整的赛事，也指一项赛事中为了获得进入下一轮或下一场比赛的资格而进行的比赛。

二、工作内容与工作流程

（一）赛前编排

1. 准备编排工作所需的相关表格

编排工作所需的相关表格主要包括《比赛报名表》《服装注册表》《人数统计表》和《成绩记录表》等。

2. 审查《比赛报名表》和《服装注册表》

按照竞赛规程中规定的参赛办法，对各单位的《比赛报名表》和《服装注册表》进行审查。如果发现问题，应立即向竞赛组委会反映，并与当事单位取得联系，力争问题及时解决。审核的要点主要有：各栏目的填写有无遗漏、表格数量与填写内容是否与规定相符，各类人员的数量是否符合规定，注册服装是否符合要求等。

3. 编排运动队和（或）运动员的号码对照表

一般按照报名的先后顺序进行排列，或按照赛事组委会事先规定的参赛单位顺序进行排列。号码对照表编排完成后，按照项目把所有参赛单位的报名表分别、分项装订成册，以备查阅。

4. 统计各类数据

各类数据的统计既是编排工作的需要，也是竞赛组委会及时了解竞赛情况的必要过程。因此，需要进行以下数据统计：各单位参加人数（队数）、各项参加人数、兼项人数，然后填入《人数统计表》和（或）《兼项统计表》。

5. 选定竞赛方法

根据参赛单位（参赛队伍）的多少、竞赛时间的长短、比赛场地的数量及比赛的性质等，选用合适、具体的竞赛方法。冰壶比赛通常分阶段进行，第一阶段常采用循环赛，第二阶段常采用淘汰赛或佩奇赛。

6. 计算场数和轮数

选定竞赛方法后，计算出全部比赛的场数和轮数，以计划全部比赛所需的时间或期限。这是编排工作的基本依据，也是确定竞赛日程的前提条件。

7. 制定训练日程与竞赛日程

选择适宜的竞赛编排轮转方法，综合考虑冰壶道、竞赛时间、休息时间、修冰时间和练习顺序等因素，公平、公正地编制《竞赛日程表》或《比赛秩序表》以及各种训练的日程表。

8. 选择落位办法

冰壶比赛通常在赛前队会上采用现场抽签的方式决定参赛队伍的比赛场次与顺序，并填入《抽签落位表》。为了确保比赛的精彩性和竞争的激烈性，可以选出一定数量的"种子"队。

9. 编制竞赛对阵表

根据抽签结果，把《竞赛日程表》转化为《竞赛对阵表》，并印发给各参赛单位（参赛队伍）。

10. 编印比赛秩序册

秩序册一般包括以下内容，可根据实际情况进行增补或删减。

① 封面：主要包括赛事名称，主办单位、批准单位、承办单位、赞助单位或祝贺单位、竞赛时间、竞赛地点等。

② 领导贺词、照片。

③ 组委会及下属各委员会的组织机构和人员名单。

④ 技术代表、裁判员、制冰师的人员名单。

⑤ 竞赛规程、补充通知和竞赛须知。

⑥ 赛事活动日程和竞赛日程。

⑦ 参赛单位（参赛队伍）和运动员名单。

⑧ 各类人员数量统计表。

⑨ 比赛和训练场地及有关设施的平面图和交通路线图。

⑩ 扉页和封底及插页等，可以插入赞助单位和祝贺单位的宣传页和广告页。

（二）赛中编排

赛中编排的主要工作有临场日程编排和竞赛成绩公告等。负责编排工作的裁判员一定要分工明确、职责清晰，具备快速、准确处理各类竞赛信息的业务能力与沟通能力。

1. 临场日程编排

循环赛结束后会议和复赛阶段会议后，负责临场日程编排的裁判员（编排记录员）需要尽快获得冰壶颜色分配和首局比赛后手权等信息，并进一步确认冰壶道的分配和竞赛时间等信息，编制复赛阶段的《比赛对阵表》。编排工作的依据是《冰壶运动规则与竞赛规则》和队会文件中的补充说明。

2. 竞赛成绩公告

确认比赛成绩及相关数据，并编制、分发成绩公告。竞赛成绩公告主要包括每轮各场比赛成绩、本场/轮比赛后排名、LSD（点球投壶）成绩和DSC（全队投壶）成绩及复赛阶段各场比赛的对阵表等。

（三）赛后工作

① 计算成绩、排定名次，及时交给裁判长宣布比赛成绩和（或）最终排名。

② 为达到相应技术等级标准的运动员出具裁判长签字的成绩证明。
③ 编制成绩册，并及时印发给参赛单位（参赛队伍）和有关部门。
④ 各类相关资料的整理、归纳和存档，便于后期查阅。
⑤ 撰写赛事编排工作总结，上交给裁判长、赛事组委会或相关部门和人员。

三、基本方法

（一）单循环赛制

1. 计算场数和轮数

n 为参赛队伍数量。

① 单循环赛场数的计算公式为：场数 $= \dfrac{n(n-1)}{2}$。例如，当有 6 支队伍参加比赛，则比赛场数为：$\dfrac{6 \times (6-1)}{2} = 15$（场）。

② 单循环赛轮数的计算公式为：

当参赛队伍为奇数时，轮数 $= n$，即比赛轮数等于队数。例如，当有 5 支队伍参加比赛，则比赛轮数为 5 轮。

当参赛队伍为偶数时，轮数 $= n-1$。例如，当有 6 支队伍参加比赛，则比赛轮数为 6-1=5（轮）。

2. 确定编排序号

用阿拉伯数字 1、2、3、4、5……来代表各参赛队伍的顺序号（简称序号）。

3. 选择轮转方法

体育竞赛编排中经常采用的轮转方法有逆时针轮转法、顺时针轮转法及"大轮转、小调动"法和贝格尔轮转法等。本教材将对贝格尔轮转法进行重点介绍。

采用贝尔格轮转法时，首先将各参赛队伍的序号等量分成左右两列（如果参赛队伍是奇数，则在最后的序号后加"0"），左列由上往下排，右列由下往上排，然后用横线将相对应的两个数字连起来，这就是第一轮的比赛顺序。编排第二轮比赛时，将第一轮右上角的号码移动到左上角；编排第三轮比赛时，再将左上角的号码移动到右上角。第一轮编排时右上角的号码要根据轮次的改变而左右移动，即 1、3、5 等奇数轮次时应在右上角，2、4、6 等偶数轮次时应在左上角。

进行第二轮比赛的编排轮转时，"1"朝逆时针方向移动，且要根据参赛队的数量，按照规定的、不同的间隔数确定"1"移动位置的间隔数（表2-1）。编排时，最大号码或"0"应先于"1"移动到所在位置，然后再移动"1"。当"1"进行间隔移动时，凡遇到最大号码或"0"时应该越过，不做间隔数计算。最后一轮比赛的最大号码或"0"必定位于右上角，"1"位于右下角（表2-2）。

表2-1 "1"移动位置的间隔数

4队以下参赛间隔数	5～6队参赛间隔数	7～8队参赛间隔数	9～10队参赛间隔数	11～12队参赛间隔数
0	1	2	3	4

表2-2 采用"贝格尔轮转法"编排的比赛秩序表

第一轮	第二轮	第三轮	第四轮	第五轮	第六轮	第七轮	第八轮	第九轮
1-0	0-6	2-0	0-7	3-0	0-8	4-0	0-9	5-0
2-9	7-5	3-1	8-6	4-2	9-7	5-3	1-8	6-4
3-8	8-4	4-9	9-5	5-1	1-6	6-2	2-7	7-3
4-7	9-3	5-8	1-4	6-9	2-5	7-1	3-6	8-2
5-6	1-2	6-7	2-3	7-8	3-4	8-9	4-5	9-1

采用"贝格尔轮转法"编制完《比赛秩序表》后，要充分考虑冰壶道（A道、B道等）、时间（上午、下午等）、两场比赛之间的休息时间、修冰时间和练习顺序及用餐时间等方面的因素，将其转化为冰壶比赛的《竞赛日程表》（表2-3），力求各参赛队伍都能最大限度地获得均等机会。在《竞赛日程表》中，排在前面的队伍使用深色手柄冰壶，穿着深色比赛服装，先练习；排在后面的队伍使用浅色手柄冰壶，穿着浅色比赛服装，后练习。如果比赛轮数为奇数，则第一场比赛的练习顺序由抽签或抛硬币等方式决定。

表2-3 冰壶比赛的《竞赛日程表》（局部）

日期	星期	时间	轮次	A道	B道	C道	D道
4月25日	星期五	09：35	1	2-9	3-8	4-7	5-6
		14：35	2	7-5	8-4	9-3	1-2
		19：35	3	3-1	4-9	5-8	6-7

续表

日期	星期	时间	轮次	A道	B道	C道	D道
4月26日	星期六	09:35	4	8-6	9-5	1-4	2-3
		14:35	5	4-2	5-1	6-9	7-8
		19:35	6	9-7	1-6	2-5	3-4
4月27日	星期日	09:35	7	5-3	6-2	7-1	8-9
		14:35	8	1-8	2-7	3-6	4-5
		19:35	9	6-4	7-3	8-2	9-1

4. 落位参赛队

将各参赛队伍按照序号录入竞赛日程表中，其落位方法有两种：

① 抽签。主承办单位对参赛队伍的竞技水平缺乏了解，或竞赛规程规定必须进行抽签时采用此种方法。首先，按照参赛队伍的数量制作好相应数目的号签，在号签上写上位置序号；然后，参赛队伍按照某种顺序（例如：队名拼音首字母等）进行抽签，抽到号码后即对号入座，录入《竞赛日程表》的相应比赛位置。

② 将上一年或上一届比赛中各参赛队伍的比赛成绩作为参赛队伍进入《竞赛日程表》的序号。1代表第1名，2代表第2名，3代表第3名……依次类推，分别对号入座，录入《竞赛日程表》的相应位置。如果某支或某几支队伍没有参加上一年或上一届的比赛，也可以按照报名的先后顺序来确定序号。

5. 编制成绩公告表

成绩公告表的内容主要包括比赛单位（队伍）名称、比分（双方比赛结果）、本场比赛后排名等。竞赛规程或队会文件须清晰说明赛事使用的计分和（或）积分方法及确定名次的具体办法，特别是多个参赛队伍的积分或胜负场次相同时，最后确定名次的方法尤其要说明清楚。

（二）双循环赛制

双循环赛场数的计算公式为：场数 = $n(n-1)$，n 为参赛队伍数量。例如，当有6支队伍参加比赛，则比赛场数为：$6 \times (6-1) = 30$（场）。

双循环赛轮数的计算公式为：当参赛队伍为奇数时，轮数 = $n \times 2$，即比赛轮数等于队数的2倍。例如，当有5支队伍参加比赛，则比赛轮数为：$5 \times 2 = 10$

（轮）。

当参赛队伍为偶数时，轮数 = $(n-1) \times 2$。例如，当有 6 支队伍参加比赛，则比赛轮数为：$(6-1) \times 2 = 10$（轮）。

双循环赛分为两个阶段，由两次单循环比赛构成。双循环赛的轮数、场数及竞赛时间均是单循环赛的 2 倍。第二次循环的比赛秩序可以与第一次循环赛的比赛秩序完全相同，也可以根据第一次比赛的成绩重新排定比赛秩序，即采用"抽签"方式确定各参赛队伍在第二个循环赛中的比赛序号，然后按照排定的比赛秩序进行比赛（具体的编排方法请参见本章"第四节 三（一）单循环赛制"）。

(三) 分组循环赛制

分组循环赛需要根据具体情况分为 2 个阶段（预赛阶段和决赛阶段）或 3 个阶段（预赛阶段、复赛阶段和决赛阶段）进行比赛。在冰壶比赛中，分组循环赛通常包括小组赛和复赛两个阶段。复赛阶段通常采用同名次赛、交叉淘汰赛等竞赛方法。

分组循环赛的场数和轮数与后续比赛阶段的竞赛方法直接相关（具体的计算方法与编排方法请参见本章"第四节 三、基本方法"中的相关内容）。

1. 小组赛阶段

（1）确定种子和排列位置

依据上一届或上一年度比赛的成绩或名次，或者根据各支参赛队伍的竞技水平确定"种子"队。分组循环赛一般按照分组数或分组数的倍数确定种子。如果种子数与组数相等，则将种子分别安排在各组的 1 号位置；如果种子数为组数的倍数，则通常采用"蛇形"排列法，例如：1 和 8，2 和 7，3 和 6，4 和 5。

（2）确定抽签方法与程序

种子先抽签，确定各种子的组别和顺序号。然后，其他参赛队伍再抽签，确定组别和顺序号。抽签方式可以分为 2 种：一次抽签和二次抽签。一次抽签是指通过一次抽签决定所在组别及组内的顺序号；二次抽签是指第一次抽签只决定组别，第二次抽签再决定组内的顺序号。

2. 复赛阶段

（1）同名次赛

如果循环赛阶段分成4组，则先将4个组的第1名编成一组进行单循环决赛，决出第1~4名。然后，再将各组的第2名编成一组，决出第5~8名。如果循环赛阶段分成两组，则先将两个组的第1、2名编在一起，决出第1~4名。然后，再将两个组的第3、4名编在一起，排出第5~8名。

（2）交叉淘汰赛

各组的前2名交叉比赛，两场比赛的胜者进行决赛，争夺第1、2名；两场比赛的负者再相互比赛，决出第3、4名。第5~8名的决定方式与此相同，依此类推。

（四）单淘汰赛制

1. 计算场数和轮数

单淘汰赛场数的计算公式为：场数 = $n-1$，n 为参赛队伍数量。例如，当有36支队伍参加比赛，则比赛场数为：$36-1=35$（场）。

单淘汰赛轮数的计算公式为：轮数 = 2^n 中的 n，n 为所选用的号码位置数（2的乘方）的指数（2的自乘次数）。例如，当有32支队伍参加比赛，选用的号码位置数为 $32=2^5$，即比赛共5轮。当采用"抢号"办法时，"抢号"赛应记为一轮；当采用"轮空"办法时，"轮空"的参赛队伍也要算作出场1次。

单淘汰赛一般只排出冠亚军名次，第3~4名并列第3名，第5~8名并列第5名。如果要排出前6名或前8名的全部名次，可以增加附加赛。胜者与胜者比赛，负者与负者比赛，胜者进入下一轮，负者再进行一场相应的排位赛（图2-1）。

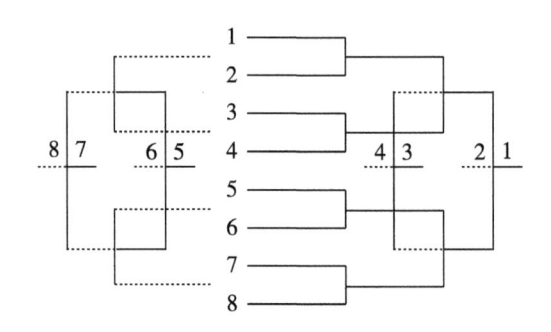

图2-1 单淘汰赛+附加赛比赛秩序

图2-1中比赛的胜方沿着实线移动，负方沿着虚线移动（注：后续图表中队伍的移动方式与此相同），最后决出比赛的1～8名。当采用单淘汰赛+附加赛时，比赛轮数不变，比赛场数的计算公式为：比赛场数=轮数×n÷2，N为参赛队伍数量。例如，当有8支队伍参加比赛时，则比赛场数=3×8÷2=12（场）。

2. 种子的确定原则与数量设置

在单淘汰赛中，种子的确定原则详见本小节"三、（三）分组循环赛制"。种子设置的数量是2的指数，由参赛队伍数量和录取名次数等综合因素共同决定。参赛队伍数量少于25支时，可设2或4个种子；参赛队伍数量为25～48支时，可设4或8个种子；参赛队伍数量超过48支时，可设8或16个种子。

3. 抽签方法

根据竞赛规程中比赛办法部分规定的基本要求及实际报名情况，采用随机的方式排定参赛队伍在比赛秩序表中的位置。

（1）种子队的抽签定位

一般采用分批抽签的办法，例如，64个号码位置，设8个种子，可以分三批进行抽签。

第一批：将1号种子安排在1号位置，2号种子安排在64号位置（上半区的顶部和下半区的底部）。

第二批：将3号种子和4号种子安排在32号和33号位置（上半区的底部和下半区的顶部）。

第三批：将5～8号种子分别安排在16号、17号、48号和49号位置（奇数1/4区的底部和偶数1/4区的顶部）。

（2）非种子队的抽签分区和定位

非种子队的抽签程序是"先进区、后定位"。

"先进区"：根据同单位参赛队伍合理分开的原则，将各单位参赛队伍均匀抽入各个分区。

"后定位"：当全部参赛队伍已抽入各个分区，再用随机抽取的方法，将参赛队伍依次在各个号码位置上定位。

抽签后，在各个号码位置上填写抽入参赛队的单位或队伍名称。

(五) 双淘汰赛制

双淘汰赛场数的计算公式为：场数=2n-3，N为参赛队伍数量。

双淘汰赛轮数的计算公式为：

胜方轮数=2^n中的n，n为所选用的号码位置数（2的乘方）的指数（2的自乘次数），即单淘汰赛的轮数。

负方轮数=(n-1)×2

总轮数=胜方轮数+负方轮数=n+(n-1)×2=3n-2

例如，8支参赛队伍进行双淘汰赛，共需要进行7轮、13场比赛，其排列如图2-2所示。

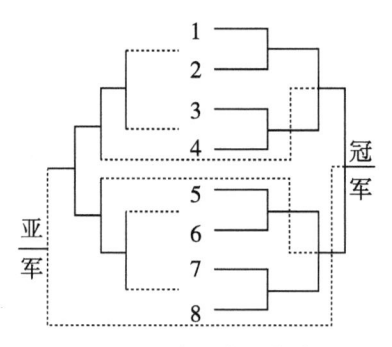

图2-2 双淘汰赛比赛秩序

(六) 交叉淘汰赛制

当小组赛阶段采用单循环赛制或双循环赛制时，决赛阶段的比赛秩序如图2-3所示。小组前四名进行交叉比赛，即第1名对第4名，第2名对第3名进行交叉比赛，两场比赛的胜者决出冠军、亚军，负者决出第3名和第4名（或者被淘汰）。

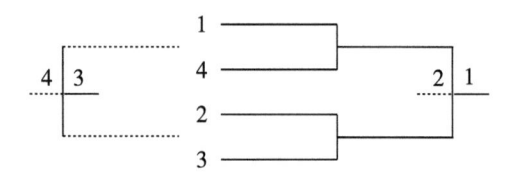

图2-3 交叉淘汰赛比赛秩序（一）

当小组赛阶段采用分组循环赛制，而且分为两个小组时，复赛阶段的比赛秩序如图 2-4 所示。两个小组的前 2 名进行交叉比赛，即 A 组第 1 名对 B 组第 2 名，B 组第 1 名对 A 组第 2 名，两场比赛的胜者决出冠军、亚军，负者决出第 3 名和第 4 名（或者被淘汰）。

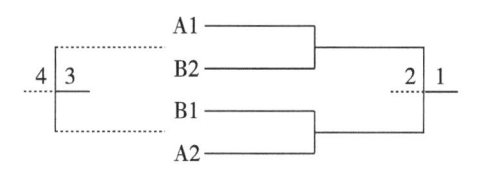

图 2-4　交叉淘汰赛比赛秩序（二）

（七）佩奇赛制

1. 同组比赛

世界冰壶锦标赛曾经采用此种赛制。首先，所有参赛队伍在同一组内进行比赛，并排定名次。然后，小组赛的前 4 名采用佩奇赛制继续比赛，决出全部比赛的最终名次。如图 2-5 所示，第 1 名与第 2 名、第 3 名与第 4 名分别进行一场比赛。半决赛的对阵为第 1 名与第 2 名比赛的负者和第 3 名与第 4 名比赛的胜者。决赛的对阵为第 1 名与第 2 名比赛的胜者和半决赛的胜者，获胜方获得本次比赛的冠军；第 3 名与第 4 名比赛的负者对阵半决赛的负者，获胜方获得本次比赛的季军。

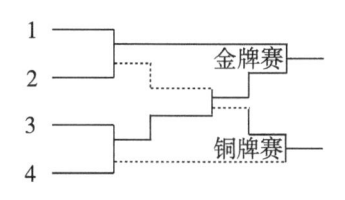

图 2-5　佩奇赛比赛秩序（同组）

2. 异组比赛

首先，将所有参赛队伍分成 A、B 两个小组进行比赛，排定小组名次；然后，A、B 两个小组的第 1 名、第 2 名，共 4 支队伍采用佩奇赛制继续比赛，决出全部比赛的前 4 名。如图 2-6 所示，A 组的第 1 名对阵 B 组的第 1 名，胜者进入金牌赛；A 组的第 2 名对阵 B 组的第 2 名，胜者与两个小组第 1 名比赛的负者再进行一场比赛，获胜方进入金牌赛，负方为本次比赛的第 3 名。

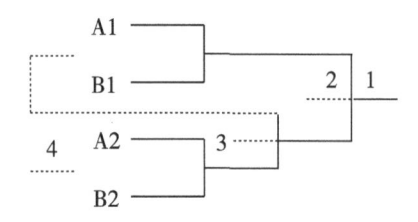

图 2-6　佩奇赛比赛秩序（异组）

四、基本要求与注意事项

① 当采用循环赛制时，如果参赛队伍的数量是奇数，则不宜采用"1"号位置固定的逆时针轮转法编排竞赛日程，可以采用顺时针轮转法，或是右上角"0"号位置固定不动，最佳方法是贝格尔轮转法。最为重要的是循环赛必须按轮次的次序逐轮进行。

② 当采用淘汰赛制时，同单位参赛队伍要均匀分布在不同的比赛半区。为了避免强队在淘汰赛过程中过早相遇，造成各组实力不均或强队过早淘汰，常采用"种子"编排法。

③ 当采用分组循环赛时，各组中参赛队伍的竞技水平要相对均衡，而且同单位参赛队伍应相对均匀地分在不同的组内。如果无法避免，则同单位的参赛队伍先进行比赛。为了避免强队分在一组，常采用"种子"编排法。

④ 复赛阶段的竞赛方式与特殊规定，如比赛局数、冰壶道、冰壶颜色、先后手、判定胜负的方法等，必须在队会文件中加以明确。复赛阶段可以安排在指定的时间和冰壶道进行比赛，其他场次的比赛时间和比赛赛道则应一视同仁、机会均等。

⑤ 尽量让每支参赛队伍在每条冰壶道上都进行过比赛，而且冰壶道使用情况要尽量均等，避免连续使用同一条冰壶道进行比赛（包括轮空）。如果无法避免，则要更换冰壶手柄颜色。复赛阶段比赛的场地安排原则与之相同，并且要避免在一方没有使用过的冰壶道上进行比赛。

第五节　排名程序

一、循环赛阶段排名

如果比赛分阶段进行，第一阶段采用循环赛制，则按照胜负场次数进行排名。如果胜负场次数相同，则按照队伍名称三个缩写字母（或拼音）的顺序进行排列。未参加比赛的队伍列在最后，按照队伍名称三个缩写字母（或拼音）顺序进行排列，但不排名。

二、循环赛后排名

（一）单循环赛后排名

当第一阶段采用单循环赛时，参赛队伍在循环赛后按照下列原则进行排名（按顺序）：

① 参赛队伍按照胜负场次数排名；

② 如果两支参赛队伍的胜负场次数相同，则按照它们之间的胜负关系排名；

③ 如果三支及以上参赛队伍的胜负场次数相同，按照它们之间的胜负关系排名。如果此原则只能确定部分队伍的排名，那么，剩余队伍再按照它们之间的胜负关系排名。

④ 通过①、②、③仍无法排定名次的队伍，则使用全队投壶赛成绩判定排名。全队投壶赛成绩值小的队伍排名在前。如果全队投壶赛成绩值相等，那么，不等距的点球投壶成绩值较小的队伍排名在前；如果所有定点投壶成绩值均相等，则世界冰壶联合会官方排名较高的队伍排名在前。

（二）分组循环赛后排名

当第一阶段采用分组循环赛，且各组进入下一阶段比赛的队伍需要进行合并排名时，各小组排名相同的队伍通过全队投壶赛成绩决定合并排名的名次，全队投壶赛成绩值小的队伍排名在前。

三、最终排名

全部比赛结束后，排定各支参赛队伍最终名次的原则如下：

① 在不设复赛阶段比赛的赛事中，根据本小节"二、循环赛后的排名"中的原则排定比赛的最终名次，如有必要，可以参照本小节"三⑤"。

② 在设有复赛阶段比赛的赛事中，比赛的最终名次由复赛赛制和本小节"三③、三④和三⑤"共同决定。

③ 对于非冬奥会或冬残奥会的积分赛事而言，如果某支队伍因输掉一场比赛而被淘汰，则同一轮次中被淘汰的队伍排名相同，按照队伍名称的三个缩写字母（或拼音）顺序进行排列。

④ 对于冬奥会或冬残奥会的积分赛事而言，如果某支队伍因输掉一场比赛而被淘汰，则同一轮次中被淘汰的队伍按如下原则进行排名：

a. 如果队伍来自同一小组，则与循环赛后的排名方式相同。

b. 如果队伍来自不同小组，根据所涉队伍的数量进行一场或多场排位赛，以决定最终排名。

c. 如果某一竞赛单元涉及降组的情况，则不再进行排位赛，根据本小节"三⑤"确定队伍的最终排名。

⑤ 当第一阶段的比赛采用分组形式，且队伍没有进入复赛阶段的比赛时，各小组排名相同的队伍通过全队投壶赛成绩排定比赛的最终名次，全队投壶赛成绩值小的队伍排名在前。

四、特殊情况排名

如果一项赛事中的一支或多支队伍放弃比赛（弃赛）、中途退赛（中退）或被取消比赛资格，处理的原则与程序如下所述：

（一）DNS（放弃比赛）

① 如果重新编排竞赛日程，则不列入弃赛队伍。

② 如果无法重新编排竞赛日程，则弃赛队伍排名位于最后，并标注"DNS"。如果多支参赛队伍弃赛，按照队伍名称三个缩写字母（或拼音）顺序排列在最后，并标注"DNS"。

③ 如果复赛阶段两支队伍均无法参加确定最终排名的比赛，则按照队伍名称三个缩写字母（或拼音）顺序排列在其他未进入复赛阶段比赛的队伍之前，两队排名相同。唯一的特例是排名将被用于决定队伍的升组或降组。在此种情况下，两队的排名仍旧相同，列在其他未进入复赛阶段比赛的队伍之前。根据循环

赛结束后的队伍排名确定升组或降组。

(二) DNF（中途退赛）

1. 循环赛期间

如果队伍在循环赛期间未完成全部既定比赛，则所有已完成的比赛成绩均有效，任何后续比赛都将被判负，并根据本章"第五节 排名程序与方法"中的相关原则与方法进行队伍排名。

2. 循环赛后，复赛阶段比赛开始前

队伍在循环赛期间所有已完成的比赛成绩均有效。如果队伍在循环赛后已经获得了进入复赛阶段的比赛资格，则该队伍的名次排在未能进入复赛阶段比赛队伍的前面，其他队伍排名按序向上移动，填补空位。此调整必须在复赛阶段开赛前2小时完成。如果未能进行调整，该队将会被判负，下一场比赛的对手将会自动赢得比赛。

3. 复赛阶段期间

如果队伍在复赛阶段中途退赛，该队伍将被判负，并正常进行排名。

(三) **DSQ**（取消比赛资格）和 **DQB**（因违反体育道德而被取消比赛资格）

1. 循环赛期间

取消DSQ或DQB队伍的所有比赛成绩，队伍排名位于最后，并标注"DSQ"或"DQB"。

2. 循环赛后，复赛阶段比赛开始前

取消DSQ或DQB队伍的所有比赛成绩，队伍排名位于最后，并标注"DSQ"或"DQB"。

3. 复赛阶段期间

DSQ或DQB队伍的比赛判负，排名位于最后，并标注"DSQ"或"DQB"。最后一场比赛的最终结果改成W／L。

4. 比赛结束后

DSQ 或 DQB 队伍的排名位于最后，并标注"DSQ"或"DQB"。最后一场比赛的最终结果改成 W／L。

如果多支队伍被取消比赛资格，按照队伍名称三个缩写字母（或拼音）顺序排在最后。

如果多支队伍出现（一）、（二）或（三）的情况，按照 DNS、DSQ、DQB 的顺序排列。

DNF 的队伍将根据比赛最终排名获得世界排名或资格赛的积分。DNS、DSQ 或 DQB 的队伍没有积分。

❖ **特别说明：** 本小点内容主要参考 *The Rules of Curling and Rules of Competition*, *October 2022，C9：Team Ranking Procedure／DSC.*

第六节　常用赛制

一、单循环赛+交叉淘汰赛

目前，冬季奥林匹克运动会冰壶比赛、世界男子冰壶锦标赛和世界女子冰壶锦标赛采用单循环赛+交叉淘汰赛的混合赛制。

（一）冬季奥林匹克运动会

冬季奥林匹克运动会冰壶比赛小组赛阶段的 10 支参赛队伍采用单循环赛，前 4 名的参赛队伍进入半决赛。半决赛中 1V4 和 2V3，胜者进入金牌赛，负者进入铜牌赛（图 2-7）。此外，世界青年冰壶锦标赛也采用此赛制。

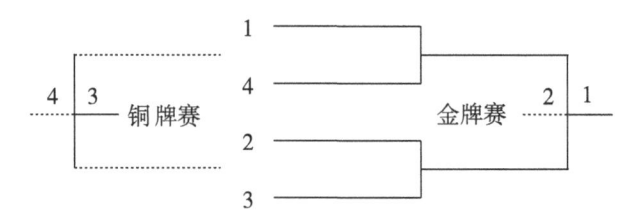

图 2-7　冬季奥林匹克运动会冰壶比赛复赛阶段赛制

（二）世界冰壶锦标赛（男子和女子）

世界男子冰壶锦标赛和世界女子冰壶锦标赛小组赛阶段的 13 支参赛队伍采用单循环赛，决出前 6 名。第 1 名和第 2 名进入半决赛，第 3 名到第 6 名进入资格赛，采用交叉淘汰赛制，即 3V6 和 4V5，胜者进入半决赛。第 1 名对阵 4V5 的获胜队伍，第 2 名对阵 3V6 的获胜队伍。半决赛胜者进入金牌赛，半决赛负者进入铜牌赛（图 2-8）。

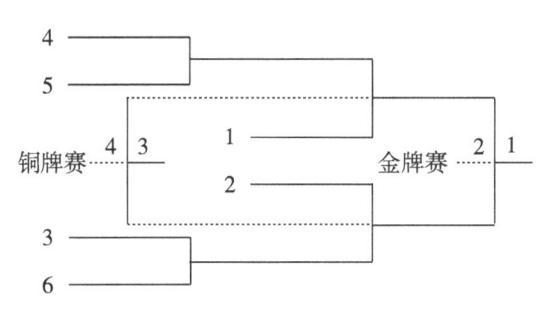

图 2-8　世界冰壶锦标赛（男女）复赛阶段赛制

二、分组循环赛+交叉淘汰赛

世界混双冰壶锦标赛采用分组循环赛+交叉淘汰赛的混合赛制。

小组赛阶段的 20 支参赛队伍分为两个小组，采用分组循环赛制，每组决出前 3 名。各小组第 1 名获得半决赛资格。各小组第 2 名和第 3 名进行资格赛，采用交叉淘汰赛制，即 A2 V B3、B2 V A3，胜者进入半决赛。半决赛 A1 对阵 B2 V A3 的获胜队伍，B1 对阵 A2 V B3 的获胜队伍。半决赛胜者进入金牌赛，半决赛负者进入铜牌赛。

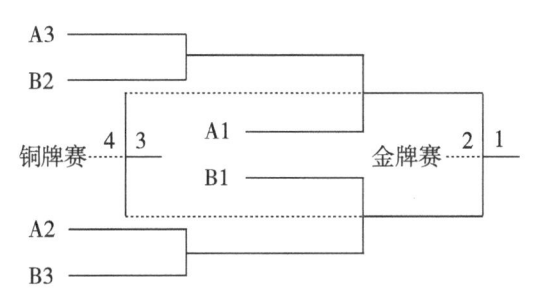

图 2-9　世界混双冰壶锦标赛复赛阶段赛制

三、分组循环赛+双淘汰赛

世界混双冰壶锦标赛资格赛是一项开放性赛事,采用分组循环赛+双淘汰赛的混合赛制。

如果参赛队伍少于 16 支,则不进行复赛,单循环赛后的前 4 名队伍获得下一届世界混双冰壶锦标赛的参赛资格。如果参赛队伍不少于 16 支,分组循环赛后排名前八的 8 支队伍获得复赛资格,复赛阶段采用双淘汰赛制,前 4 名队伍获得下一届世界混双冰壶锦标赛的参赛资格(图 2-10)。

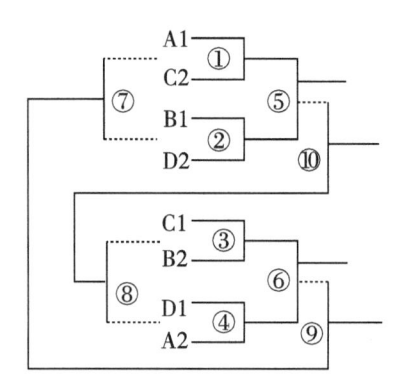

图 2-10 世界混双冰壶锦标赛资格赛复赛阶段赛制

第七节 工作表格

一、编排工作表格

(一)比赛报名表

比赛报名表

参赛单位: 队伍名称:

序号	姓名	性别	民族	岗位/垒次	参赛项目	身份证号码	手机号码	备注
1								
2								
3								

续表

序号	姓名	性别	民族	岗位/垒次	参赛项目	身份证号码	手机号码	备注
4								
5								
6								
7								
8								
……								

联系人：   联系方式：

（二）服装注册表

服装注册表

参赛单位：   队伍名称：

序号	服装名称	服装图片	备注
1	深色外套		
2	深色T恤		
3	深色马甲		
4	浅色外套		
5	浅色T恤		
6	浅色马甲		
7	比赛裤子		
8			
……	……		

联系人：   联系方式：

（三）人数统计表

人数统计表

序号	队伍	运动员		教练员		领队		工作人员		总数
		男	女	男	女	男	女	男	女	
1										

续表

序号	队伍	运动员 男	运动员 女	教练员 男	教练员 女	领队 男	领队 女	工作人员 男	工作人员 女	总数
2										
3										
4										
7										
8										
9										
10										
……										
合计										

（四）竞赛日程表

竞赛日程表

日期	星期	时间	轮次	A道	B道	C道	D道

（五）抽签落位表

抽签落位表

号码位置	队伍名称
1	
2	
3	
……	

(六)原始出场顺序表

原始出场顺序表

队伍名称			队伍名称		
岗位/垒次	姓名	备注	岗位/垒次	姓名	备注
教练			教练		
四垒			四垒		
三垒			三垒		
二垒			二垒		
一垒			一垒		
替补			替补		

(七)成绩记录表

成绩记录表

比分 队伍	一队	二队	三队	四队	胜场	负场	名次
一队							
二队							
三队							
四队							

(八) 成绩公告表（四人）

成绩公告表（四人）

第（　）场/轮成绩公告

比赛名称：　　　　　　　　　　　　　　　　　　比赛日期：　年　月　日
比赛场馆：　　　　　　　　　　　　　　　　　　开始时间：

赛道	组别	代表队	LSD	先后手	1	2	3	4	5	6	7	8	9	10	E1	E2	总分

本场/轮后排名

组别					组别			
排名	代表队	胜场次	负场次		排名	代表队	胜场次	负场次
1					1			
2					1			
3					3			
4					3			
……					……			

（九）成绩公告表（混双）

成绩公告表（混双）

第（　）场/轮成绩公告

比赛名称：　　　　　　　　　　　　　　　　　　　　比赛日期：　年　月　日
比赛场馆：　　　　　　　　　　　　　　　　　　　　开始时间：

赛道	组别	代表队	LSD	先后手	1	2	3	4	5	6	7	8	E1	E2	总分

本场/轮后排名

组别				组别			
排名	代表队	胜场次	负场次	排名	代表队	胜场次	负场次
1				1			
2				1			
3				3			
4				3			
……				……			

二、竞赛工作表格

（一）初始阵容表

赛事名称：_____

时间/地点：_____

初始阵容表

参赛队伍：_____　　男子：☐　　　女子：☐

垒次	名	姓
四垒		
三垒		
二垒		
一垒		
替补		

L/R	TC

指挥		
副指挥		

			TC
教练员			
第二官员			
第三官员			

签名	
电话号码/房间号：	
邮箱：	

备注：

① L/R：即左/右，指投壶运动员的惯用手。

② TC：指裁判员可以联系到的赛场外的一名人员。

③ 每场比赛前阵容变更，请使用参赛阵容表。

④ 初始阵容表用于"冰壶历史"、队伍展示和授奖仪式。

⑤ 只有表格中的运动员和两名官员才可以进入教练员席。

（二）混双初始阵容表

赛事名称：_____

时间/地点：_____

混双初始阵容表

参赛队伍：_____

	名	姓	L/R	TC
女				
男				

教练员			
第二官员 职务：			

签名	
电话号码/房间号：	

备注：

① L/R：即左/右，指投壶运动员的惯用手。

② TC：指裁判员可以联系到的赛场外的一名人员。

③ 初始阵容表用于"冰壶历史"、队伍展示和授奖仪式。

④ 只有表格中的运动员和两名官员才可以进入教练员席。

⑤ 如果需要翻译，请在表格的"第二官员"处注明。

（三）参赛阵容表

赛事名称：_____

时间/地点：_____

参赛阵容表

参赛队伍：_____ 男子：☐ 女子：☐

日期：_____ 时间：_____ 赛道：_____

垒次	名	姓
四垒		
三垒		
二垒		
一垒		
替补		

指挥		
副指挥		

教练员		

签名	

备注：此表需在第一场赛前练习开始前 15 分钟交给裁判员。

(四) 阵容变更表

赛事名称：_____

时间/地点：_____

阵容变更表

参赛队伍：_____　　男子：☐　　女子：☐

日期：_____　时间：_____　赛道：_____

阵容变更局：_____

垒次变更	名	姓
四垒		
三垒		
二垒		
一垒		
替补		

指挥		
副指挥		

签名	

备注：此表须在允许替补运动员进入比赛场地前交给裁判长或副裁判长。

(五) 点球投壶记录表

赛事名称：_____

时间/地点：_____

点球投壶记录表

日期：_____　　　　时间：_____

赛道：_____　　　　　　　　　男子：☐　女子：☐　混合：☐

队伍	运动员	时针	距离（cm）
		↻	
		↺	
		合计	

队伍	运动员	时针	距离（cm）
		↻	
		↺	
		合计	

赛道：_____　　　　　　　　　男子：☐　女子：☐　混合：☐

队伍	运动员	时针	距离（cm）
		↻	
		↺	
		合计	

队伍	运动员	时针	距离（cm）
		↻	
		↺	
		合计	

赛道：_____　　　　　　　　　男子：☐　女子：☐　混合：☐

队伍	运动员	时针	距离（cm）
		↻	
		↺	
		合计	

队伍	运动员	时针	距离（cm）
		↻	
		↺	
		合计	

赛道：_____　　　　　　　　　男子：☐　女子：☐　混合：☐

队伍	运动员	时针	距离（cm）
		↻	
		↺	
		合计	

队伍	运动员	时针	距离（cm）
		↻	
		↺	
		合计	

大本营外的冰壶记录为 199.6cm

（六）冰上官员计分卡

赛事名称：_____

时间/地点：_____

冰上官员计分卡

赛道：_____　　　男子：☐　　　女子：☐

日期：_____　　　时间：_____

后手	局	1	2	3	4	5	6	7	8	9	10	11	12	总分

LSD ____	时针	运动员	距离
	↻		
	↻		
	合计		

LSD ____	时针	运动员	距离
	↻		
	↻		
	合计		

战术暂停 ____	局	壶
第1个加局		
第2个加局		

战术暂停 ____	局	壶
第1个加局		
第2个加局		

参赛队伍：_____　　　签名：_____

参赛队伍：_____　　　签名：_____

违规技术暂停 ____	局	壶	行为

违规技术暂停 ____	局	壶	行为

裁判员：_____　　　裁判长：_____

（七）混双冰上官员计分卡

赛事名称：_____

时间/地点：_____

混双冰上官员计分卡

赛道：_____ 日期：_____ 时间：_____

后手	局	1	2	3	4	5	6	7	8	9	10	总分

LSD	时针 ↻ ↻	运动员	距离
____	合计		

LSD	时针 ↻ ↻	运动员	距离
____	合计		

战术暂停	局	壶
____	第1个加局	
	第2个加局	

战术暂停	局	壶
____	第1个加局	
	第2个加局	

签名：_____   签名：_____

投壶顺序

局	第1投壶	
1	○ Yes	
2	○ Yes	
3	○ Yes	
4	○ Yes	
5	○ Yes	
6	○ Yes	
7	○ Yes	
8	○ Yes	
9	○ Yes	
10	○ Yes	

局	第1投壶	
1	○ Yes	
2	○ Yes	
3	○ Yes	
4	○ Yes	
5	○ Yes	
6	○ Yes	
7	○ Yes	
8	○ Yes	
9	○ Yes	
10	○ Yes	

裁判员：_____   裁判长：_____

（八）比赛时间记录表

赛事名称：_____

时间/地点：_____

比赛时间记录表

赛道：_____　　　　男子：☐　　　　女子：☐

日期：_____　　　　时间：_____

参赛队伍：			参赛队伍：	
每局结束时间	战术暂停		每局结束时间	战术暂停
第 1 局			第 1 局	
第 2 局			第 2 局	
第 3 局			第 3 局	
第 4 局			第 4 局	
第 5 局			第 5 局	
第 6 局			第 6 局	
第 7 局			第 7 局	
第 8 局			第 8 局	
第 9 局			第 9 局	
第 10 局			第 10 局	
第 11 局			第 11 局	
第 12 局			第 12 局	

备注：_____

_____

_____

_____

计时裁判员：_____　　　　计时长：_____

（九）轮椅冰壶-投壶顺序表

轮椅冰壶-投壶顺序表

参赛队伍			参赛队伍		
	R/L	红壶		R/L	黄壶
一垒 第1投壶			一垒 第1投壶		
一垒 第2投壶			一垒 第2投壶		
二垒 第1投壶			二垒 第1投壶		
二垒 第2投壶			二垒 第2投壶		
三垒 第1投壶			三垒 第1投壶		
三垒 第2投壶			三垒 第2投壶		
四垒 第1投壶			四垒 第1投壶		
四垒 第2投壶			四垒 第2投壶		

思考与练习

1. 冰壶运动的竞赛项目有哪些？
2. 冰壶竞赛规程通常情况应涵盖哪些内容或部分？
3. 常用的竞赛方法有哪些？认真思考不同竞赛方法的优点与不足。
4. 赛前、赛中和赛后的编排工作内容与流程包括哪些？
5. 通过本章内容的学习，请认真思考和总结冰壶比赛编排原则和注意事项的内在原因。
6. 自我设定参赛队伍数量、冰壶道数量等参数，使用"贝格尔轮转法"编制一张比赛秩序表。
7. 冰壶比赛确定各支参赛队伍最终名次的原则有哪些？
8. 冰壶比赛常用赛制有哪几种？

第三章 CHAPTER 03
冰壶竞赛运行设施与器材

> **本章提要**
>
> 规范、标准的竞赛运行设施与器材是确保比赛具有公平竞争环境的前提条件之一。在冰壶运动中，冰壶道采用双向对称布局设计，冰壶由不含云母的花岗岩人工打磨而成。世界冰壶联合会对运动员使用的冰壶刷和比赛服装有着明确的规定。这就要求裁判员不仅要熟悉器材和装备规范，还要能对其进行公正、严格的检查与评判，同时还要具有规范使用裁判员竞赛器材的能力，以及确保竞赛场地、功能用房干净与整洁。

第一节 场地设施与器材

一、冰壶道

冰壶运动所使用的场地或赛道称为冰壶道（Sheet）（图3-1）。冰壶道采用双向对称布局设计，包括2个由4个同心圆组成的大本营、1条中线、2条底线、2条T线、2条前掷线、2条踏板线（起踏线）、2条边线（侧挡板）、2个后挡板、4条轮椅线、4条限制线（礼貌线），以及4个踏板和防撞条（冰枕）。

冰壶道的标准长度为45.72米（150英尺），标准宽度为4.75米（15英尺7英寸）。如果现有设施达不到上述尺寸要求，冰壶道最短长度可为44.501米（146英尺），最窄宽度可为4.42米（14英尺6英寸）。

① 大本营（House）：大本营由4个同心圆组成，从外至内的半径依次是1.829米（6英尺）、1.219米（4英尺）、610毫米（2英尺）和不小于152毫米（6英寸）。大本营中心（圆心）位于T线与中线的交叉点，称为T点或圆心点。

② 踏板线（Hack Line）：踏板线的长度为 457 毫米（1 英尺 6 英寸），最大宽度为 13 毫米（1/2 英寸），与 T 线平行，踏板线的中点位于中线的端点。

③ 底线（Back Line）：底线的最大宽度为 13 毫米（1/2 英寸），其外沿距 T 线的中心点为 1.829 米（6 英尺）。

④ T 线（Tee Line）：T 线的最大宽度为 13 毫米（1/2 英寸），其中心点距冰壶道中心点为 17.375 米（57 英尺）。

⑤ 前掷线（Hog Line）：前掷线的宽度为 102 毫米（4 英寸），其内沿距 T 线中心点为 6.401 米（21 英尺）。

⑥ 限制线（Courtesy Lines）：限制线（礼貌线）的长度为 152 毫米（6 英寸），最大宽度为 13 毫米（1/2 英寸），位于冰壶道内的两侧，与前掷线平行，距离前掷线外沿为 1.219 米（4 英尺）。

⑦ 中线（Centre Line）：中线的最大宽度为 13 毫米（1/2 英寸），交于 T 线中点，并穿过 T 线中点向外延伸 3.658 米（12 英尺）。

⑧ 踏板（Hack）：踏板位于踏板线上，分置于中线两侧，每个踏板的内沿距中线 76 毫米（3 英寸）。每个踏板的宽度不超过 152 毫米（6 英寸）。踏板固定在适当的材料上，此材料的内侧位于踏板线的内侧，踏板前端到起踏线的距离不能超过 203 毫米（8 英寸）。如果踏板陷入冰内，其深度不能超过 38 毫米（1.5 英寸）。

⑨ 轮椅线（Wheelchair Lines）：轮椅线与中线平行且位于中线两侧，从前掷线到 6 英尺圆的最外侧，每条轮椅线的外沿到中线距离为 457 毫米（18 英寸）。轮椅线是轮椅冰壶运动员在大本营前区最外沿和投壶端前掷线之间投壶时，投掷壶摆放位置的限制线。

此外，一条冰壶道的两端又可分别称为比赛端与投壶端，或是近端与远端。比赛端前掷线、边线和底线所构建的长方形称为有效区域，其中底线在有效区域之内，而边线和前掷线则在有效区域之外。比赛端 T 线和前掷线之间、大本营之外的区域称之为自由防守区。

T 线除了上述作用之外，还体现在其他两个方面：一是判定可否重新投壶的标志线；二是判定可否为对方运动冰壶扫冰的标志线。

对于冰壶运动而言，中线及大本营内部的三个同心圆并没有实际意义，但可以起到辅助判定冰壶位置的作用。其一，中线可以起到判定中区和边区的辅助作用；其二，大本营内部的三个同心圆可以起到判定大本营内静止冰壶距离 T 点远近的辅助作用。

❖**特别说明**：本小点内容主要参考 *The Rules of Curling and Rules of Competition*，*October* 2022，*R*1：*Sheet.*

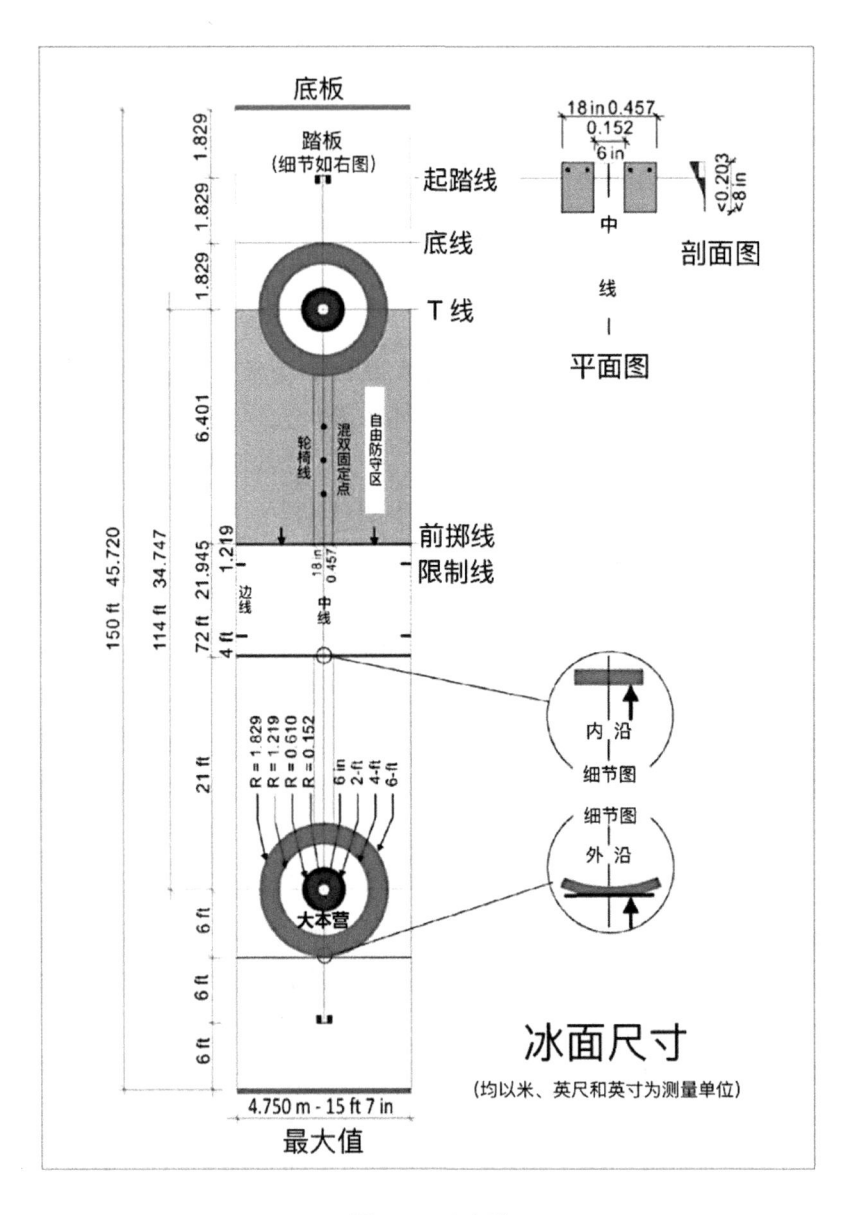

图 3-1　冰壶道

二、冰壶

冰壶呈圆壶状，由不含云母的花岗岩制成。世界冰壶联合会主办的冰壶赛事使用的冰壶维度如下：周长不超过914毫米（36英寸），高度不低于114毫米（4.5英寸），包括手柄和螺钉的重量不超过19.96千克（44磅），不低于17.24千克（38磅）。

一条冰壶道配备16个冰壶，通过手柄颜色分为2组，每组各8个。手柄通常是红色和黄色，用来标记比赛双方冰壶的归属。目前，高水平的国家级冰壶赛事和洲际级、国际级冰壶赛事均使用电子壶盖冰壶（不包括轮椅冰壶）（图3-2）。电子壶盖通过指示灯来辅助判断运动员的投壶是否前掷线违例，这样可以有效避免裁判员的误判。

图3-2 电子手柄冰壶

◆**特别说明：** 本小点内容主要参考 *The Rules of Curling and Rules of Competition*, October 2022, R2: Stones.

三、记分板

冰壶比赛的记分板可以分为现代记分板和传统记分板。现代记分板多用于世界冰壶联合会赛事，优点是便于理解；传统记分板多用于欧美地区的俱乐部赛事，优点是数字号码牌的需求数量较少。

（一）记分板种类

1. 传统记分板

记分板中间的数字代表累计得分，共有10个数字号码牌，每局比赛使用1

个。如果一支参赛队伍在一局比赛中获得分数，此队伍累计总分上方或下方挂上代表局数的数字号码牌。如果本局比赛是空局，则将局数号码牌挂在一个侧面的特殊位置（图3-3）。

RED		2								4
	1	2	3	4	5	6	7	8	9	10	11
YELLOW	1	3								

图3-3 传统记分板

2. 现代记分板

记分板最上方的数字代表局数。每局比赛结束后，得分方挂上相应的得分数字，未得分方挂上数字0，并在每局比赛结束后更新比赛总分（图3-4）。

END	1	2	3	4	5	6	7	8	9	10	11	TOTAL
RED	0	2	0									2
YELLOW	1	0	1									2

图3-4 现代记分板

（二）配套物品的规格与要求

① 每条冰壶道配备一个记分板，并对应地标记上A、B、C……

② 备有2种颜色的参赛队队名板，其中，深色队名板2个，浅色队名板2个。如果一项赛事同时包括男子比赛和女子比赛，则每种颜色的队名板各准备4个。

③ 物料盒中的卡片包括：数字（0~9）"X""W""L"和"/"（用于思考时间耗尽）及后手标识和星号（首局后手）。

④ 对于混双项目而言，每个记分板配备的卡片包括字母P（进攻局）和一套2种颜色的数字（0~6）。

⑤ 如果使用电子记分板（显示屏），分辨率至少为1024×768，并要确保一

切功能运行正常。

⑥ 冰壶道两端为裁判员（包括冰上助理）配备衬垫椅。如有需要，椅子下面应放有毛毯和保温隔热材料（聚苯乙烯或类似材料）。

⑦ 纸巾盒和垃圾桶，且每一个比赛单元后都要清空垃圾桶。

❖ **特别说明**：本小点内容主要参考 *Technical Official's Manual*，October 2020，5.4：*On-ice Pre-competition Check*.

四、计时设备

根据赛事的举办场地和其他具体实际情况，可能会使用不同的计时系统。如果使用基于计算机的 CurlTime 程序，计时设备主要包括运行 CurlTime 软件的笔记本电脑和显示屏。如果使用其他计时程序，计时长需要与赛事组委会一起负责验证系统是否能够满足赛事的计时需求。

通常，每条冰壶道所需器材设备如下：

① 1 台笔记本电脑。可以满足使用计时软件的要求，关闭后台自动运行程序，包括：自动更新弹出窗口、定期病毒扫描、屏幕保护程序和节能模式等。

② 1 个鼠标。

③ 1 台平板电视显示器。最小 32 英寸（81 厘米）。

④ 1 条用于连接笔记本电脑和显示器的线缆。

此外，还需要准备一台备用电脑。

❖ **特别说明**：本小点内容主要参考 *Technical Official's Manual*，October 2020，17.6：*CT Equipment*.

五、制冰器材

与其他冬季冰上运动项目相比，冰壶运动使用的冰面并非是光滑的表面，而是布满冰冻小水珠（即冰点）的冰面。专业的制冰师一直在努力去制造理想形状、大小和数量的冰点，以使冰壶在冰面上的滑行速度和滑行轨迹具有相对的一致性，并能维持整场冰壶比赛过程保持不变。

此处提供的制冰器材清单并非详尽无遗，仅供参考。

修冰车	英制 180 英尺钢尺
刮冰刀	英制 32 英尺钢尺
冰车刀片	25 米非金属卷尺
冰车刀片维修套装	蓝色、红色冰漆
冰铲	圆心定点器
手动刮刀	红色羊毛线
手工漆刀	冰壶标准海绵
推壶器	无毛地毯
打点壶	冰壶隔温板
喷头	电源适配器
拖把	多功能插头延长线
拖把头	内六角扳手
毛刷	螺丝刀套装
扫帚	壁纸刀
热水器	雪桶
红外温度计	专用胶带
干湿球湿度计	前掷线违例检测系统
冰面和环境监测系统	

六、功能区/用房

(一) 运动员功能区/用房

运动员功能区/用房主要包括运动员更衣室、运动员休息室、运动员理疗区和运动员热身区等。

(二) 制冰师功能区/用房

制冰师功能区/用房主要包括制冰师办公室、制冰师工作室和制冰设备间等。

(三) 官员功能区/用房

官员功能区/用房主要包括教练员席（替补席）、计时台、统计台、技术官员（裁判员）休息室、复印室、技术代表或世界冰壶联合会办公室等。其中，技术官员（裁判员）休息室的基本要求如下：

① 可以舒适地容纳所有裁判员。

② 充足的用于悬挂裁判员服装的空间。

③ 足够数量的桌椅。

④ 垃圾箱。

⑤ 如可能，提供存放个人物品的储物柜，并明确是否需要提供锁具。

⑥ 冷、热两种茶点。

⑦ 可以上锁的裁判员休息室至少要提供2把钥匙。

⑧ 张贴裁判员《工作时间表》和《竞赛日程表》，并提供充足的裁判员竞赛工作用表。

⑨ 无线网络。

⑩ 打印机。

❖**特别说明：**本小点内容主要参考 Technical Official's Manual，October 2020，5.3：Chief Umpire's Check List.

第二节　运动装备

一、冰壶鞋

冰壶运动员在参与冰壶运动时要穿着专业冰壶鞋。其实，《冰壶运动规则与竞赛规则》中对冰壶鞋并没有具体的参数规定或要求。但是，运动员的鞋底需要进行特殊处理，以便运动员稳定地滑行和获得动力。而且，冰壶运动员双脚所穿的专业冰壶鞋在鞋底材质和质地上截然不同。冰壶运动员的一只脚是滑行脚，另一只脚是驱动脚。滑行脚的鞋底上粘有一种可以使冰面与鞋底产生较小摩擦力的材料，称为滑板。用于制作滑板的原材料有很多种，其中，聚四氟乙烯（Teflon）是最受欢迎、最常用的一种滑板材料。驱动脚的鞋底上有一层摩擦系数较大的皱纹橡胶，有利于运动员获得更好的驱动力或制动力。

滑行脚的鞋上通常带有一个可拆卸的橡胶鞋套。运动员投壶或者在冰上滑行时需要取下滑行脚上的鞋套，除此之外均需要穿戴好鞋套（图3-5）。

图 3-5　冰壶鞋和鞋套

二、冰壶刷

世界冰壶联合会于 2016 年 5 月在加拿大安大略省的肯普特维尔召开了一次扫冰峰会，探讨冰壶刷的性能与参数规范及扫冰规则的修订等一系列相关事项。最终，世界冰壶联合会基于不降低投壶技术的重要性和持续保护冰面质量等原因，制定了具体而详细的冰壶刷性能规范和技术参数指标（图 3-6）。

冰壶刷的部分技术参数指标如下：

① 冰壶刷由刷杆和刷头组成。刷头包括面料、泡沫和基座三部分。

② 基座长度：17.78～22.86 厘米（7～9 英寸）；宽度：6.35～7.62 厘米（2.5～3 英寸）；长宽比：2.5∶1～3.5∶1。

③ 刷杆要求笔直，材质与参数指标没有具体规定。

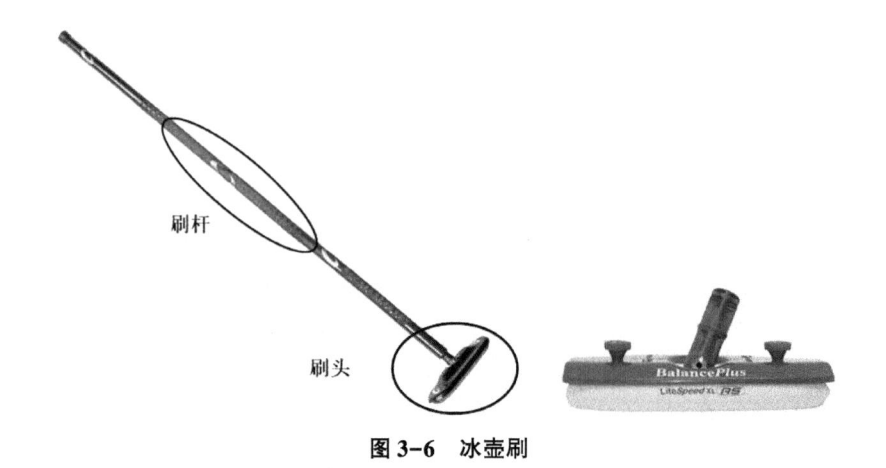

图 3-6　冰壶刷

运动员和教练员有义务确保自己的冰壶刷符合世界冰壶联合会制定的《竞赛器材规范》（Standards for Competition Equipment），并已列入世界冰壶联合会的"合格器材清单"（Conforming Equipment List）。这包括但不限于确保基座或面料上显示有效的 WCF 产品编码，确保面料和泡沫之间没有任何物质，确保面料的指定面与冰面接触，即面料上的 WCF 产品编码可见。

运动员投壶过程中用于稳定滑行的冰壶刷，不需要列在"合格器材清单"中，但不能用于扫冰。

❖**特别说明：**本小点内容主要参考 Competition Policy & Procedure Manual，September 2022，Policies / Rules for Brush Heads and Brushing.

三、助滑器

冰壶刷并不是冰壶运动员投壶滑行期间用于维持身体平衡与稳定的唯一专项运动器材。目前，市场上有很多产品可以起到维持投壶运动员身体平衡与稳定的作用。对于初学者而言，助滑器（图 3-7）是一个很好的辅助工具，而且要比冰壶刷的效果更好。

图 3-7　助滑器

四、计时器

在冰壶运动中，计时器（图 3-8）的主要作用是测量冰面的滑涩度和判断投壶力量。对于专业冰壶运动员而言，计时器仅仅是一个工具，而且也不是用来判断冰面滑涩度与投壶力量的唯一方法，运动员需要结合自身的专项运动经验进行综合分析与判断。

图 3-8　计时器

五、服装

冰壶运动员在参与冰壶运动时需要身穿便于身体进行全方位运动的服装（图3-9）。冰壶运动员的裤子通常要具有很好的延展性，以便运动员能舒适地进入伸展状态的滑行姿势。上衣同样需要具备一定的延展性，以便进行有效的扫冰。冰壶运动员的服装应使运动员体感舒适，且具有良好的排汗功能和保暖功能。

图3-9 服装

① 在世界冰壶联合会主办的赛事中，除非经世界冰壶联合会批准，浅色服装必须以白色或黄色为主，并且前后两面都至少有70%的白色或黄色。每件衬衫、夹克衫或运动衫背面上方要有运动员的姓氏，字母尺寸不小于5.08厘米（2英寸），背面腰上位置标注协会或联合会名称，字母尺寸不小于5.08厘米（2英寸）。如有需要，代表国家协会参赛的队伍服装背面也可印有国徽，但只能位于协会或联合会名称和运动员姓氏之间。运动员的服装或器材上允许出现广告，但必须严格遵循世界冰壶联合会公布的《参赛指南》中的相关规定与要求。

② 当同一支参赛队伍有2名或多名运动员姓氏相同时，运动员服装上应标出名字的首字母。如果名字的首字母仍然相同，则应加上另一个首字母，或显示全名或缩写。

③ 所有有权进入冰场的队伍保障人员都必须遵守《WCF参赛服装与标识政策》，但是"教练员"或"国家队教练员"可以代替姓氏。同时担任多支队伍的保障人员必须穿着与队伍相匹配的运动服或没有赞助商标识的运动服。

④ 运动员的夹克和运动衫的兜帽不能露出来，必须卷起来或塞在里面。

⑤ 如果运动员身穿打底衣（包括压力袖套），必须符合下列规定：

若分配到浅色手柄冰壶，则应为白色或与浅色制服一致的颜色；

若分配到深色手柄冰壶，则应为黑色或与深色制服一致的颜色。

⑥ 运动员可以戴帽子。当一名以上运动员戴帽子时，他们必须统一颜色，帽檐向前。此条款同样适用于教练员席上的人员。

❖ **特别说明：** 本小点内容主要参考 The Rules of Curling and Rules of Competition, October 2022, C3: Uniforms / Equipment; Competition Policy & Procedure Manual, October 2022: WCF Uniform & Cresting Policy.

六、手套

冰壶运动员在进行冰壶运动时通常会佩戴分指手套或连指手套，有的手套会在手心处再增加一些填充物（图 3-10）。

图 3-10　冰壶手套

第三节　竞赛器材

不同岗位的裁判员在执裁过程中所需要的竞赛器材有所不同（图 3-11）。综合所有岗位的工作需求，裁判员所需器材与装备清单如下。此处提供的清单并非详尽无遗，仅供参考：

　　　　　　　点球测量尺　　　　　　　打孔器
　　　　　　　测量杆　　　　　　　　　文具（曲别针等）

千分测量尺	计算器
直角测量块	战术板（配有红和黄色磁扣）
对讲机	25 米非金属卷尺
秒表	螺丝刀
文件夹、写字板	六角扳手和其他小工具
铅笔	裁判长工作手册
削笔刀	世界冰壶联合会冰壶规则手册
橡皮	小型急救包
订书器	小型针线包
剪刀	电源适配器
胶带座	小刀
滚轮胶带	胶带

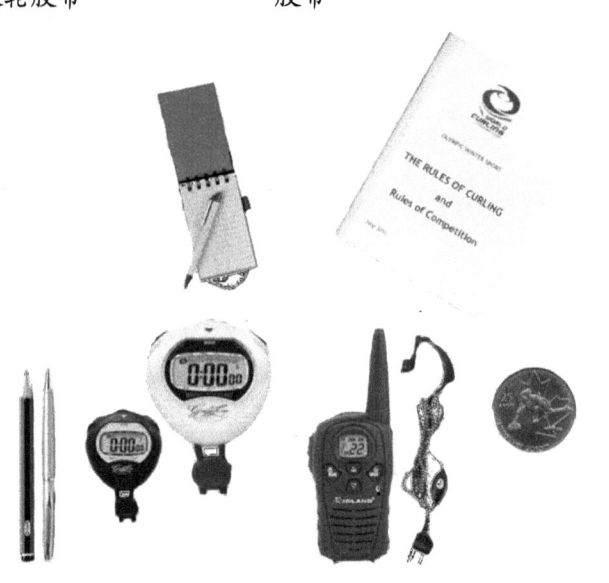

图 3-11　裁判器材（部分）

❖**特别说明**：本小点内容主要参考 Technical Official's Manual，October 2020，5.6：Umpire Equipment.

▌**思考与练习**

1. 冰壶道的特点与标准是什么?
2. 冰壶道上 T 线的主要作用有哪些?
3. 传统计分板和现代计分板的主要区别和优缺点是什么?
4. 冰壶刷由哪几部分组成?主要技术参数指标是什么?
5. 在世界冰壶联合会主办的赛事中,对运动员的比赛服装有哪些具体要求与规定?

第四章 CHAPTER 04
冰壶运动规则与竞赛规则解析

> **本章提要**
>
> "不以规矩，不能成方圆"。冰壶运动规则与竞赛规则是冰壶运动与竞赛的法则，裁判员、教练员、运动员必须以它为准绳来处理与协调冰壶运动和冰壶竞赛中的一切问题，以确保所有参与者或运动员在同等条件下进行公平、公正的冰壶运动和冰壶竞赛活动。裁判员要注重规则意识的培养，由他律到自律，由外在意识到个人意识，不断提升个人的职业素养和综合修养，从而形成自觉遵守规则的意识。

目前，世界冰壶联合会竞赛和规则委员会逐年对《冰壶运动规则与竞赛规则》进行修订。世界冰壶联合会会员单位可在每年 5 月 15 日之前向世界冰壶联合会秘书处提交规则修订的书面建议，这些建议将在世界冰壶联合会年度全体代表大会上讨论，并投票表决。

第一节　器材装备规则与判罚

一、冰壶

运动员在比赛中使用的冰壶均由赛事组委会或比赛场馆提供。比赛双方队伍各使用一组手柄颜色相同并用数字 1~8 标记的 8 个冰壶（不包括混合双人比赛）。比赛过程中，冰壶可能会出现损坏、翻倒、手柄脱离及电子壶盖指示灯失效等意外情况。

（一）损坏

如果冰壶损坏不适合比赛，可以使用备用冰壶。如果没有备用冰壶，可使用本局已投掷过的冰壶。如果比赛进行期间冰壶出现碎裂，比赛双方队伍应秉承冰壶精神来决定此冰壶的位置。如果双方队伍无法达成一致意见，则该局比赛重赛。

（二）翻倒

如果冰壶在运动中翻倒或侧立在冰面上，则立即将此冰壶从比赛中移出，此冰壶为无效壶。

（三）手柄脱离

如果冰壶的手柄在投壶过程中完全脱离壶体，投壶运动员待冰壶静止后可以选择保持现状，或将所有被触动的冰壶放回撞击发生前的位置，然后重新投壶。

（四）电子壶盖指示灯失效

如果投壶运动员在投壶之前发现冰壶的电子壶盖指示灯失效，场上运动员可以申请技术暂停，由执场裁判员进行相应处理。运动员投壶出手之后，如果绿色指示灯亮则表示投壶有效，红色指示灯闪烁则表示出手违例，即前掷线违例。使用前掷线违例监测系统时，运动员投壶之前，冰壶的电子壶盖必须确保正确激活，以便在投壶过程中能正常运行，否则该投壶也为前掷线违例。

此外，参赛队伍和（或）运动员不得对冰壶做出改变，也不得在壶体或上方放置任何物品。

❖ **特别说明：** 本小点内容主要参考 *The Rules of Curling and Rules of Competition*, October 2022, R1：Sheet / R10：Equipment.

二、冰壶刷

参赛队伍的每名运动员在一场比赛开始时必须申报一个符合《竞赛器材规范》的用于扫冰的运动器材，在点球投壶和比赛期间只有该名运动员可以使用这一扫冰设备。

场地适应性训练、晚场训练、复赛阶段训练、赛前练习中也只有符合标准规范的冰壶刷可以用于扫冰，但是运动员或教练员可以使用其中任何一把冰壶刷进行扫冰。

在点球投壶和比赛期间，如果运动员使用他人的冰壶刷为本方冰壶扫冰，该冰壶将被移出比赛区域；如果运动员使用他人的冰壶刷为对方冰壶扫冰，该冰壶由未犯规方摆放到假设未发生犯规的合理位置。

在世界冰壶联合会主办的赛事中，使用不符合世界冰壶联合会《竞赛器材规范》的器材进行扫冰的处罚如下：

① 第一次犯规将取消该名运动员本次赛事的参赛资格，违规队伍本场比赛判负。

② 第二次犯规将取消违规队伍本次赛事的参赛资格，全体运动员在世界冰壶联合会比赛中禁赛12个月（365天）。

（一）冰壶刷标记

在所有训练和比赛中，每人最多可以携带一把符合世界冰壶联合会《竞赛器材规范》的扫冰器材进入比赛场地。在赛前练习之前，运动员和（或）教练员需要使用不同颜色的胶带缠绕在冰壶刷的刷杆上以作区分，用于识别冰壶刷所属的运动员或教练员。其中，四垒为绿色、三垒（混双中的男运动员）为蓝色、二垒（混双中的女运动员）为黄色、一垒为红色，替补运动员和教练员为黑色。裁判员会对冰壶刷进行登记。在点球投壶和比赛中，运动员只能使用所属的冰壶刷进行扫冰。

（二）冰壶刷刷头

除非经过裁判长特别允许，否则运动员从赛前练习直到比赛结束不得更换冰壶刷的刷头。如果运动员因使用不当导致刷头、刷杆或基座损坏，则更换刷头的申请不予批准。如果运动员未经允许更换刷头，则违规队伍本场比赛判负。如果替补运动员在比赛进行期间进入比赛，必须使用离场运动员的刷头。如果刷头与替补运动员的刷杆不匹配，则替补运动员必须使用离场运动员的冰壶刷。如果未经裁判长许可，将新的扫冰器材带进比赛，则违规队伍本场比赛判负。

（三）助滑功能冰壶刷的使用规定

如果运动员在投壶阶段使用不符合世界冰壶联合会《竞赛器材规范》的冰壶刷，则必须清楚该冰壶刷只能用于维持投壶阶段的稳定滑行，而不能用于扫冰。允许"轻带"（Cleaning）冰壶在冰面上的滑行路径，因为这并不被认为是扫冰。

1. 点球投壶和比赛期间的处罚

① 如果使用不符合《竞赛器材规范》的用于稳定滑行的冰壶刷进行扫冰，

则取消犯规运动员本次赛事资格，犯规队伍本场比赛判负。

② 如果使用符合《竞赛器材规范》的用于稳定滑行的冰壶刷进行扫冰，冰壶将从比赛中移出。如果是点球投壶，将记录为最大值（1.996米）。

2. 训练单元的处罚

不论是否符合《竞赛器材规范》，如果使用用于稳定滑行的冰壶刷进行扫冰，犯规运动员将会受到裁判员的警告。如果同一训练单元发生第二次，将取消该名运动员继续进行训练的资格，或训练单元之后立即（同一天）进行的点球投壶或比赛的资格。

裁判员在竞赛期间会对冰壶刷的刷头进行随机检查。世界冰壶联合会保留对其主办的赛事进行器材收集并测试的权利。所收集的用于测试的器材归世界冰壶联合会所有。

❖特别说明：本小点内容主要参考 *The Rules of Curling and Rules of Competition*, October 2022, C3: *Uniforms / Equipment*; *Competition Policy & Procedure Manual*, September 2022: *Policies / Rules for Brush Heads and Brushing*.

三、服装

在赛事开始之前，参赛队伍需要向世界冰壶联合会（或赛事组委会）提交注册服装信息。

在正式的冰壶比赛中，一支参赛队伍的所有成员要在赛前练习和比赛时穿着统一的服装和适当的专业用鞋进入比赛场地。未穿着符合规定的服装的运动员或教练员禁止进入比赛场地和教练员席。循环赛竞赛日程表中列在前面的参赛队伍使用深色手柄冰壶，列在后面的参赛队伍使用浅色手柄冰壶。如果参赛队伍分配到浅色手柄冰壶，则穿着浅色衬衫、比赛用夹克衫或运动衫；如果参赛队伍分配到深色手柄冰壶，则穿着深色衬衫、比赛用夹克衫或运动衫。（有关服装的具体要求参见"第三章　第二节　二、服装"）

❖特别说明：本小点内容主要参考 *The Rules of Curling and Rules of Competition*, October 2022, C3: *Uniforms / Equipment*.

四、其他情况

第一，运动员不得通过装备、手或身体损坏冰面。如有违规，按照如下程序进行处理：第一次和第二次进行正式的场上警告，修复冰面；第三次违规时，修复冰面并取消此名运动员本场比赛资格。

第二，除仅限于提供"时间"数据的秒表外，运动员在比赛中严禁使用电子通信器材及任何改变声音的装置。如果出于医疗原因，经与世界冰壶联合会协商并获得书面批准后，可以使用哨子或其他信号工具。

第三，使用运行正常的前掷线违例监测系统时，运动员投壶时投壶手禁止佩戴手套。如果投壶时投壶手佩戴手套，所投冰壶应从比赛中移出，任何被移动的冰壶均由未犯规队伍放回犯规发生前的位置。

第四，如果世界冰壶联合会判定服装或器材不可接受或不合适，则有权禁止使用该服装或器材。

第五，世界冰壶联合会主办的赛事中所有领域的竞赛器材均需符合《竞赛器材规范》。器材未获得批准的原因包括但不限于：破坏冰面、与现行规则或标准不一致（如：电子通信设备）、性能测试结果显示具有不公平优势、未能在截止日期前向世界冰壶联合会办公室注册。如果违反此规范，将会受到如下判罚。

① 赛事期间第一次犯规：取消当事运动员本次赛事的参赛资格，犯规队伍本场比赛判负。

② 赛事期间第二次犯规：取消当事参赛队伍本次赛事的参赛资格，全体运动员在世界冰壶联合主办的赛事中禁赛 12 个月。

◆ **特别说明：** 本小点内容主要参考 *The Rules of Curling and Rules of Competition*, October 2022, R10: Equipment / C3: Uniforms / Equipment.

第二节　参赛队伍与运动员站位

一、队伍构成

冰壶是分别由 4 名运动员组成的 2 支队伍在冰面上进行的一种回合制体育运动（不包括混双）。在每局冰壶比赛中，每支参赛队伍各投掷 8 个冰壶，每名运动员按照既定的投壶顺序投掷 2 个冰壶，且双方运动员交替投壶。一支队伍的 4 名运动员分属 4 个不同的位置，即一垒、二垒、三垒和四垒。所有场上运动员在每局比赛中要按照规定投掷各自的冰壶。一垒投掷第一、二个冰壶，二垒投掷第三、四个冰壶，三垒投掷第五、六个冰壶，四垒投掷第七、八个冰壶。

如果参赛队伍运动员人数小于等于 3 名，则不能报名参赛；如果参赛队伍上场运动员人数小于等于 3 名，则不能开始一场比赛。如果违反此项规定，犯规队伍本场比赛判负。但在特殊情况下，经过三方（世界冰壶联合会竞赛部主任或其代表、技术代表和裁判长）批准可以允许只有 3 名运动员的参赛队伍开始比赛。如果其他参赛队伍提出申诉，则由世界冰壶联合会主席或其代表负责解释和处理。

此外，在允许注册替补运动员的比赛中，每支参赛队伍只可以注册并使用 1 名替补运动员。

二、赛前队会

竞赛开始前，参赛队伍须按照规定参加赛前队会。每支参赛队伍的 1 名运动员和 1 名队伍官员必须参加赛前队会。如果参赛队伍没有注册队伍官员，则必须派 2 名运动员参加赛前队会。未经裁判长批准不参加赛前队会的参赛队伍会被取消第一场比赛的后手权。如果参赛队伍注册了翻译，翻译也可以参加赛前队会。晋级到复赛阶段的参赛队伍，必须有 1 名或 2 名队伍成员（运动员和/或教练员）参加循环赛结束后的会议，以及复赛阶段会议。不参加指定会议的参赛队伍将会失去原本可能拥有的选择权。

三、阵容上报与确认

参赛队伍要在赛前队会结束时，将《初始阵容表》上交给裁判长。《初始阵容表》上要清晰填写投壶顺序、指挥和副指挥的垒次、替补运动员和教练员，有时也要填写参赛队伍的领队、国家队教练或翻译等。至少在赛前练习前 15 分钟，参赛队伍还须向裁判长提交《参赛阵容表》（纸质版或电子版），以确认初始阵容或表明阵容变动情况。

四、团队沟通

冰壶比赛进行过程中，除指定休息时间和暂停时间以外，教练员、替补运动员和所有其他队伍官员禁止与场上运动员交流或在比赛区域停留。禁止任何语言、视觉、书面和电子形式的通信，包括任何试图要求比赛暂停的信号。教练员、替补运动员和队伍官员可以参与场地适应性训练和赛前练习，但点球投壶期间不得与运动员交流。

冰壶比赛进行过程中，教练员席上的人员也不得与教练员席以外的人员以任何形式进行未授权的交流或传递信息。教练员席上的教练员和其他人员不能观看或收听比赛的转播。

如果出现上述犯规行为，违规人员将被驱逐出教练员席。

五、运动员站位

在冰壶比赛中，每位运动员在投壶轮投掷 2 个冰壶，并与对手交替投掷冰壶。因此，当冰壶比赛中的一方为投壶方时，则另一方必然为非投壶方。冰壶规则中对投壶方和非投壶方运动员在冰壶道上的站立位置有明确规定，如果出现错误，会受到相应的判罚。

（一）投壶方

当指挥投壶或不在冰面时，副指挥负责掌管大本营。负责掌管大本营的指挥或副指挥必须位于比赛端的前掷线以内，且至少有一只脚在冰壶道的冰面上。如果投壶方出现此类错误，则投掷壶将被从比赛中移出，且任何被移动的冰壶应由非投壶方放回犯规发生前的位置。

（二）非投壶方

在对方投壶期间，非投壶方的指挥和（或）副指挥可静止站立在比赛端底线后，但是不得干扰投壶方指挥或副指挥选择站位。其他运动员则要静止站立在冰壶道任意一侧边区的 2 条限制线（礼貌线）之间，但是下一位投壶的运动员也可以静止站立在投壶端踏板侧后方的冰壶道上。当投壶方投壶时，非投壶方运动员不可以随意选择站立位置，更不能做可能会使投壶方受到阻碍、干扰、注意力分散或威胁的动作。如果出现上述违规行为，投壶方可以选择保持现状，或在所有被移动的冰壶放回犯规发生前的位置后重新投壶。

❖ **特别说明：** 本小点内容主要参考 *The Rules of Curling and Rules of Competition, October 2022, R3：Teams / R4：Position of Players / C2：Participating Teams.*

第三节　冰壶分配与选择

一、循环赛阶段

在循环赛阶段，《竞赛日程表》（对阵表）中列在前面的参赛队伍使用深色手柄的冰壶，列在后面的参赛队伍使用浅色手柄的冰壶。

二、复赛阶段

（一）单循环赛制

如果小组赛阶段采用单循环赛制，则复赛阶段冰壶手柄颜色和第一局比赛先后手的确定方式如下：

① 胜负记录好的队伍拥有冰壶手柄颜色和第一局比赛先后手的选择权。

② 如果双方胜负记录相同，则循环赛中相互对战获胜的队伍拥有冰壶手柄颜色和第一局比赛先后手的选择权。

（二）双循环赛制

如果小组赛阶段采用双循环赛制，则复赛阶段冰壶手柄颜色和第一局比赛先后手的确定方式如下：

① 胜负记录好的队伍拥有冰壶手柄颜色和第一局比赛先后手的选择权。

② 如果双方胜负记录相同，则循环赛中两次相互对战均获胜的队伍拥有冰壶手柄颜色和第一局比赛先后手的选择权。

③ 如果双方胜负记录相同，且循环赛中两次相互对战各获胜一场，则小组赛阶段全队投壶赛成绩值小的队伍拥有冰壶手柄颜色或第一局比赛先后手的选择权。

（三）分组循环赛制

① 如果小组赛阶段采用分组循环赛制，且复赛阶段的队伍来自同一组，则按照本节上述"二、（一）单循环赛制"的程序执行。

② 如果小组赛阶段采用分组循环赛制，且复赛阶段的队伍来自不同组，则小组赛阶段全队投壶赛成绩值小的队伍拥有冰壶手柄颜色或赛前练习先后顺序的

选择权，而在本场比赛前点球投壶（没有最少投壶数量要求）胜出的队伍拥有第一局比赛先后手的选择权。

（四）其他情况

如果小组赛阶段分成两组（A组和B组）进行比赛，且有6支队伍进入复赛（每组3支队伍），则复赛阶段冰壶手柄颜色和第一局比赛先后手的确定方式如下：

① 当小组排名第一的队伍与小组排名第二或第三的队伍进行比赛时，排名第一的队伍拥有冰壶手柄颜色和第一局比赛先后手的选择权。

② 当小组排名第二的队伍与小组排名第三的队伍进行比赛时，小组排名第二的队伍拥有冰壶手柄颜色和第一局比赛先后手的选择权。

③ 当两个小组同名次队伍之间进行比赛（即，A1 V A1、A2 V B2 和 A3 V B3）时，则小组赛阶段全队投壶赛成绩值小的队伍拥有冰壶手柄颜色或赛前练习先后顺序的选择权，而在本场比赛前点球投壶（没有最少投壶数量要求）胜出的队伍拥有第一局比赛先后手的选择权。

❖ **特别说明：** 本小点内容主要参考 The Rules of Curling and Rules of Competition, October 2022, C8: Stone Assignment / LSD.

第四节　投壶规则与判罚

在冰壶比赛中，比赛双方运动员按照预定顺序各投掷2个冰壶，双方运动员交替投壶，且必须使用冰壶手柄投壶。如果某支参赛队伍在比赛中蓄意改变投壶顺序或垒次，则本场比赛判负。但是，当参赛队伍使用替补运动员进行比赛，或一名运动员无法继续比赛时，可以改变投壶顺序或垒次。

一、投壶违规

运动员在比赛中还可能会出现投壶踏板、出手时机、冰壶颜色、投壶顺序和投壶数量错误等与投壶有关的违规违例情况。

（一）投壶踏板

右手投壶的运动员从中线左侧的踏板投壶，左手投壶的运动员从中线右侧的踏板投壶。如果运动员出现了投壶踏板错误，投掷壶需要从比赛中移出，由此导致的所有被移动的冰壶由未犯规队伍放回犯规发生前的位置。

(二) 出手时机

投掷壶到达投壶端前掷线之前必须清晰明确地投壶出手。如果运动员犯规，投壶方需要立即将此冰壶从比赛中移出。如果前掷线违例的投掷壶没能立即从比赛中移出而触碰到了其他比赛中的静止冰壶，此投掷壶由投壶方将其从比赛中移出，所有被移动的冰壶由未犯规队伍放回犯规发生前的位置。

(三) 冰壶颜色

除非预先确定，否则第一局的先手方有权选择本场比赛的冰壶颜色。如果投壶运动员误投了对方的冰壶，待该投掷壶静止后，需要使用己方的冰壶进行替换。

(四) 投壶顺序

1. 垒次错误

如果比赛中某支参赛队伍出现此种错误，则该局比赛继续，视为错误没有发生，轮空的运动员需要为此队伍投掷本局比赛的最后一个冰壶。如果无法确定哪一名运动员出现了投壶顺序错误，投掷第一个冰壶的运动员投掷本局比赛的最后一个冰壶。

2. 连续投掷两个冰壶

如果比赛中某支参赛队伍出现此种错误，则须将投掷的第二个冰壶拿回投壶端，任何被移动的冰壶将由未犯规队伍放回犯规发生前的位置。投壶失误的运动员为该队投掷该局比赛的最后一个冰壶。如果该犯规直至下次投壶完成后才发现，则该局比赛重赛。

3. 先后手错误

除非预先确定或通过点球投壶决定，否则比赛双方采用抛硬币的方式决定第一局比赛的先后手。先后手的顺序保持到一支队伍得分，得分队伍在下一局比赛中先手。如果先后手错误在第一个冰壶投出后就被发现，则该局比赛重赛。如果错误在第二个冰壶投出后才被发现，则该局比赛继续，视为错误没有发生。

（五）投壶数量错误

如果运动员在一局比赛中无意识地多投了冰壶（超过2个），该局比赛继续，视为错误没有发生，但犯规队伍最后一名投壶运动员（四垒）的投壶数量相应减少。如果一局比赛中最后投壶的运动员（四垒）无意识地多投了冰壶，最后投出的冰壶将从比赛中移出，任何被移动的冰壶由未犯规队伍放回犯规发生前的位置。

❖ **特别说明：** 本小点内容主要参考 *The Rules of Curling and Rules of Competition*, October 2022, R5：Delivery.

二、投壶变更

比赛开始前，各参赛队伍应公布本队的投壶顺序及指挥和副指挥的垒次，并在整场比赛中保证按既定顺序投壶及指挥和副指挥的垒次均不发生改变，除非在一局开始时使用替补队员。如果参赛队伍在比赛中未获得裁判长许可，蓄意改变投壶顺序及指挥和副指挥的垒次，则本场比赛判负。除非是替补运动员上场比赛导致此改变。

（一）比赛开始之前

如果某支参赛队伍的一名运动员在比赛开始时缺席比赛，则该支参赛队伍可进行以下选择。

① 3名运动员开始比赛，前2个垒次的运动员每人投掷3个冰壶，第3个垒次的运动员投掷2个冰壶。当缺席的运动员可以回到比赛中时，则在下一局比赛中按照公布的投壶顺序及指挥和副指挥的垒次进行比赛。

② 使用替补运动员开始比赛。

（二）比赛期间

如果某支参赛队伍的一名运动员无法继续比赛，则该支参赛队伍可进行以下选择。

① 其余3人继续比赛，离场运动员只能在一局比赛开始时回到比赛中，且一名运动员在一场比赛中只有一次离开后回到比赛的权利。

② 在一局比赛开始时使用替补运动员，此时可以改变投壶顺序及指挥和副指挥的垒次，此改变适用于本场比赛的剩余比赛局，但离场运动员不可以再回到

本场比赛中。

1. 无法完成第二次投壶

如果一名运动员在一局比赛中投出第一个冰壶后，无法再投掷第二个冰壶，此局比赛中其他运动员按照以下顺序进行投壶，如果该名运动员为：

① 一垒，则由二垒投壶；

② 二垒，则由一垒投壶；

③ 三垒，则由二垒投壶；

④ 四垒，则由三垒投壶。

2. 无法完成 2 次投壶

在一局比赛中，运动员无法完成既定的 2 次投壶，则其他运动员按照下列顺序进行投壶，如果该名运动员为：

① 一垒，则二垒投掷 3 个冰壶，三垒投掷 3 个冰壶，四垒投掷最后 2 个冰壶；

② 二垒，则一垒投掷 3 个冰壶，三垒投掷 3 个冰壶，四垒投掷最后 2 个冰壶；

③ 三垒，则一垒投掷三垒的第 1 个冰壶，二垒投掷三垒的第 2 个冰壶，四垒投掷最后 2 个冰壶；

④ 四垒，则二垒投掷四垒的第 1 个冰壶，三垒投掷四垒的第 2 个冰壶。

❖ 特别说明：本小点内容主要参考 The Rules of Curling and Rules of Competition，October 2022，R3：Teams.

三、自由防守区

比赛端 T 线和前掷线之间、大本营之外的区域称为自由防守区。在与自由防守区的冰壶触碰后，停在前掷线上或前掷线前的冰壶，也认定在自由防守区内。根据自由防守区规则，每局比赛的第 6 次投壶前，由投掷壶直接或间接导致对方的冰壶从自由防守区移动到无效位置，则该投掷壶须从比赛中移出，任何被移动的冰壶由未犯规队伍放回犯规发生前的位置。

❖ 特别说明：本小点内容主要参考 The Rules of Curling and Rules of Competition，October 2022，R6：Free Guard Zone（FGZ）.

四、冰壶测量

只有在一局比赛最后一投的冰壶静止时，才可以使用测量器具进行测量，否则只能用目测。除非是要决定冰壶是否为有效壶，或者在一局内投掷第二、第三、第四或第五个冰壶前，确定比赛中的冰壶是否在自由防守区内，方可以进行测量。

❖**特别说明**：本小点内容主要参考 The Rules of Curling and Rules of Competition, October 2022, R2：Stones.

五、教练员投壶

① 对于场地适应性训练、晚场训练、循环赛后的训练及轮空队伍或判胜队伍的训练而言，2 名注册人员（教练员和队伍官员）可以进入比赛场地，且可以投掷冰壶。

② 赛前练习时，2 名注册人员（教练员和队伍官员）可以进入比赛场地，但不可以投掷冰壶。

③ 不同训练或练习之间可以更换进入比赛场地的上述人员。

❖**特别说明**：本小点内容主要参考 Competition Policy & Procedure Manual, October 2022, Coaches Delivering Stones.

六、特殊情景

① 投掷壶没有完全越过比赛端前掷线内沿即静止，应立即将该冰壶移出比赛区域。但是投掷壶撞击到有效冰壶的情况除外。

② 投掷壶或比赛中的冰壶完全越过比赛端底线外沿时，应立即将该冰壶移出比赛区域。

③ 投掷壶或比赛中的冰壶触及侧挡板（分隔板）或边线时，立即将该冰壶移出比赛区域，以免其进入邻近冰壶道。

④ 冰壶到达投壶端 T 线时，视为进入比赛状态，且已完成投壶。如果冰壶未到达投壶端 T 线，投壶运动员可以选择重新投壶。

❖**特别说明**：本小点内容主要参考 The Rules of Curling and Rules of Competition, October 2022, R2：Stones.

第五节　扫冰规则与判罚

在冰壶比赛中，运动员只能为运动中的冰壶扫冰。当运动员扫冰时，冰壶刷的运动方向可以是任何方向，冰壶刷的运动幅度也不需要完全超过冰壶的直径。扫冰运动员必须在冰壶运动方向的任意一侧结束扫冰动作，而不能在运动冰壶运行方向的正前方结束扫冰动作，以避免在运动冰壶前方留下碎渣、冰屑等杂物。此外，投出下一个冰壶之前，投壶方所有运动员都可清扫冰面。

一、T 线前扫冰

运动员在比赛端 T 线前只能为本方运动中的冰壶扫冰，参与扫冰的运动员人数不限。

二、T 线后扫冰

运动员在比赛端 T 线后才可以为对方运动中的冰壶扫冰，且每队每次只可有一名运动员扫冰。此时，投壶方可以由任意运动员扫冰，但非投壶方只能是指挥或副指挥扫冰。双方队伍均有为本方冰壶进行扫冰的优先权，但不可妨碍或阻止对方运动员为本方的冰壶扫冰。

如果在冰壶比赛中发生扫冰犯规，未犯规队伍可以选择保持现状，或将该冰壶和所有可能受其影响的冰壶放到假设未发生犯规的合理位置。

如果运动员使用其他运动员的冰壶刷为本队的冰壶扫冰，须将该冰壶从比赛中移出。如果运动员使用其他运动员的冰壶刷为对方的冰壶扫冰，该冰壶由未犯规队伍放到假设未发生犯规的合理位置。

❖ **特别说明**：本小点内容主要参考 *The Rules of Curling and Rules of Competition*, *October 2022*, *R7*：*Sweeping* / *C3*：*Uniforms* / *Equipment*.

第六节　触碰或移动冰壶规则与判罚

一、触碰运动冰壶

(一) 触碰本队运动中的冰壶

第一，如果冰壶在投壶端 T 线和比赛端前掷线之间，则队伍应立即将该冰壶从比赛中移出。在投壶端前掷线前，投壶运动员的二次触碰冰壶不视为犯规。

第二，如果冰壶位于比赛端前掷线后方，待所有冰壶静止后，非犯规队伍可以进行如下选择：①将该冰壶从比赛中移出，所有被移动的冰壶放回犯规发生前的位置；②保持现状；③将所有冰壶放在假设未发生触碰的合理位置。

第三，如果是点球投壶，则将该冰壶的测量值记录为 1.996 米（6 英尺 6.5 英寸）。

(二) 触碰对方运动中的冰壶

第一，如果冰壶在投壶端 T 线和比赛端前掷线之间，而该冰壶又是投掷壶，则重新投壶。如果该冰壶不是投掷壶，则由其所属队伍将其放在假设未发生触碰的合理位置。

第二，如果冰壶位于比赛端前掷线后方，待所有冰壶静止后，由非犯规队伍将其放在假设未发生触碰的合理位置。

第三，如果是点球投壶，则重新投壶。

(三) 外力触碰运动中的冰壶

第一，如果冰壶位于比赛端前掷线后方，待所有冰壶静止后，将它们放到假设意外没有发生的原本应该静止的合理位置。如果比赛双方不能达成一致意见，所有被移动的冰壶放回意外发生前的原本位置，然后重新投壶。如果比赛双方仍不能达成一致意见，则该局比赛重赛。

第二，如果运动冰壶触碰到撞击分隔板后反弹的冰壶，则由非投壶方将其放在假设没有发生意外的合理位置。

第三，如果是点球投壶，则重新投壶。

二、移动静止冰壶

（一）运动员导致静止冰壶发生移动

第一，如果此冰壶对运动冰壶的结果没有影响，则由未犯规队伍放回犯规发生前的位置。

第二，如果此冰壶原本会改变运动冰壶的滑行线路，待所有冰壶静止后，非犯规队伍可进行如下选择：①保持现状；②将线路可能发生改变的冰壶从比赛中移出，并将所有犯规后发生移动的冰壶放回犯规发生前的位置；③将所有冰壶放在假设静止冰壶位置未发生变化的合理位置。

第三，点球投壶：如果是投壶方移动了静止冰壶，则将冰壶的测量值记录为1.996米（6英尺6.5英寸）；如果是非投壶方移动了静止冰壶，则由投壶方将冰壶放回犯规发生前的位置。

（二）外力导致静止冰壶发生移动

第一，如果该冰壶对运动冰壶的结果没有影响，则冰壶放在比赛双方队伍认可的意外发生前的位置。

第二，如果该冰壶原本会改变运动冰壶的滑行线路，待所有冰壶静止后，将所有冰壶放在假设没有发生意外原本应该静止的合理位置。如果比赛双方不能达成一致意见，则将所有冰壶放回意外发生前的位置，然后重新投壶。如果比赛双方仍不能达成一致意见，则该局比赛重赛。

第三，如果冰壶撞击到冰壶道的侧挡板（分隔板）产生反弹后触碰到静止的冰壶，则由非投壶方将其放在意外发生前的位置。

第四，如果是点球投壶，则由投壶方将其放回意外发生前的位置。

❖**特别说明：**本小点内容主要参考 *The Rules of Curling and Rules of Competition*，*October 2022*，*R8：Touched Moving Stones / R9：Displaced Stationary Stones.*

第七节　计分规则

一、分数判定

第一，每局冰壶比赛只有一支队伍可以获得分数。

第二，如果一支队伍的任何一个冰壶到圆心点的距离比对手的冰壶更近，则此队伍在本局比赛中得分，而且每个到圆心点距离比对手更近的冰壶计作 1 分，这些冰壶称为得分壶。计分壶是指位于大本营或触及大本营的所有冰壶，也称"潜在得分壶"。有此冰壶虽然在比赛中但不是计分壶，因为它们虽停在前掷线内但没有触及大本营，需要明确的是，计分壶不一定是得分壶，但是得分壶一定是计分壶。静止在圆心或圆心点的冰壶不会获得额外的分数，大本营内同心圆的作用仅是帮助判断冰壶到达圆心点的距离或比较不同冰壶距离圆心点的远近。在一局冰壶比赛中，一支参赛队伍最高可以得到 8 分，当然这种情况极少出现。冰壶比赛的计分方法详见图 4-1、图 4-2、图 4-3。图 4-1 中的黄壶方在本局比赛中得 1 分，大本营内的红壶虽是计分壶，但不是得分壶；图 4-2 中的红壶方在本局比赛中得 2 分；图 4-3 中的比赛局为空局，双方队伍在有效区域内的冰壶均不是计分壶，双方均不得分。

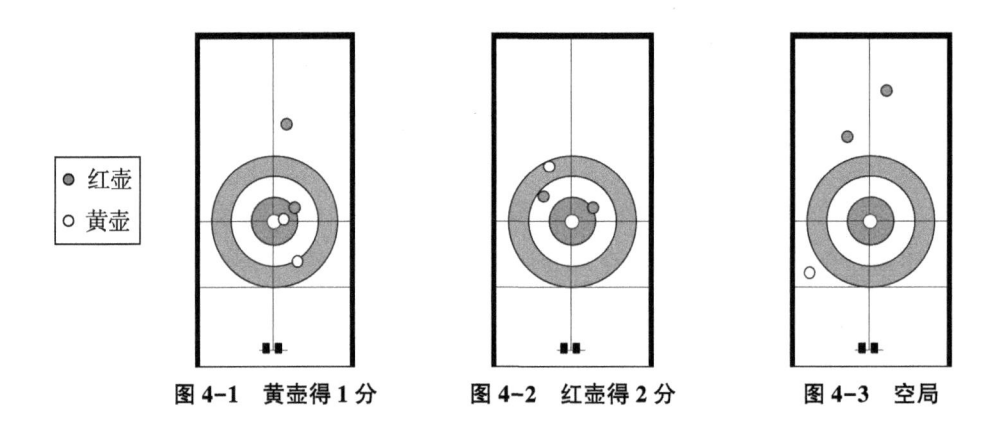

图 4-1　黄壶得 1 分　　图 4-2　红壶得 2 分　　图 4-3　空局

第三，一局比赛的比分需要经过比赛双方队伍负责掌控大本营的指挥或副指挥达成一致意见后，才能最终确定。在比赛双方队伍确定本局比赛分数之前，如果影响本局比赛分数的冰壶被移动，则非犯规方的冰壶在测量中胜出并得分。

第四，当比赛双方队伍无法通过目测确定一局比赛的分数时，可以申请裁判员执行测量程序。测量时，双方队伍只允许派出 1 名运动员观察测量过程和测量器具。

第五，如果裁判员无法使用测量器具进行测量，则由目测判定本局比赛的分数。

第六，如果目测和测量器具都无法判定本局比赛的分数，则认定冰壶到圆心点的距离相等。

① 如果测量是为了确定本局比赛的得分队伍，则该局比赛为空局。

② 如果测量是为了确定额外的分数，则只计算更接近圆心点的得分壶。

第七，在确定一局比赛的分数之前，如果外力导致可能影响本局比赛分数的冰壶发生移动，则按照以下程序进行处理：

① 如果该冰壶要确定本局比赛的得分队伍，则该局比赛重赛。

② 如果该冰壶要确定额外的分数，则得分队伍可选择该局比赛重赛，或接受当前得分。

第八，延迟开赛的分数判定。

如果因某支参赛队伍未能在指定时间开始比赛，则按照下列原则和程序进行处理：

① 如果比赛延迟1分至14分59秒，则视为本局比赛已结束，对方得1分，并且可以在实际比赛的第一局中选择先后手。

② 如果比赛延迟15分至29分59秒，则视为两局比赛已结束，对方再得1分，并且可以在实际比赛的第一局中选择先后手。

③ 如果比赛延迟30分仍未开始比赛，则本场比赛判负，对手获胜。

二、胜负判定

第一，完成既定比赛局数，得分较多的队伍获胜。在完成最少比赛局数后，某支参赛队伍认输或理论上没有获胜可能，也可决定比赛结果。

如果某支参赛队伍理论上无获胜可能，可以完成当前比赛局的比赛，但不能开始新一局的比赛。然而，如果在最后一局比赛中出现某支参赛队伍理论上无获胜可能，则比赛立即终止，该局比赛和本场比赛均结束。如果既定比赛局数完成时，双方得分相同，则比赛进入加局阶段或通过"点球"决定胜负。加局比赛中先得分的一方获胜。

第二，参赛队伍只有在本队投壶时才可以认输。当某支参赛队伍在一局比赛结束前认输，该局比赛的分数按照下列方式决定：

除了当有一支参赛队伍已经投出本队所有冰壶，而没有投完所有冰壶的队伍有得分壶，或该局当前分数影响比赛结果时，将该局比赛分数记录到记分板以外，其他情况记分板上均用"×"记录。

第三，如果比赛延迟30分仍未开始比赛，则犯规方本场比赛判负，对手获胜。

第四，对于判罚结束的比赛而言，最终比分记录为"W-L"（胜-负）。

❖ **特别说明：**本小点内容主要参考 *The Rules of Curling and Rules of Competition*, October 2022, R11: *Scoring*, 以及 *Technical Official's Manual*, October 2022, 11.8 *Late Start of Game-Rule Clarification*.

第八节　比赛时间

一、思考时间

（一）一场比赛

每支参赛队伍在每场 10 局的比赛中拥有的思考时间为 38 分钟，每场 8 局的比赛中拥有的思考时间为 30 分钟。一场比赛中的各种时间变化与消耗都需要记录，以便运动员和教练员随时掌握比赛进度。

（二）思考时间扣除

如果某支参赛队伍没有按照规定的时间开始比赛，视为该局比赛完成。每认定完成 1 局比赛，双方的思考时间均扣除 3 分 45 秒（认定标准请参见本章"第七节　一、分数判定"）。

（三）加局

如果需要进行加局，每个加局比赛都要调节比赛计时器，每个加局每支参赛队伍获得 4 分 30 秒的思考时间。

二、计时规则与依据

（一）启动计时

每场比赛和每局比赛都要在休息时间结束时开始投壶，且不启动投壶方的计时器。如果投壶方拖延比赛开始时间（没有从踏板向前的动作或冰壶未从投壶杆投出），则启动投壶方的计时器。如果投壶方没有拖延比赛的开始时间，则此队伍的计时器从第 2 次投壶时开始计时。

非投壶方成为投壶方，启动计时的依据为：

① 所有冰壶均静止或越过底线；

② 且由于投壶方碰触冰壶犯规而被移动的冰壶重新摆放到犯规发生前的位置；

③ 且比赛区域交给对方，掌管大本营的运动员退到底线后，投壶和扫冰运动员移动到冰壶道两边。

（二）停止计时

① 当投壶方的冰壶到达投壶端的 T 线时，停止计时。
② 如果冰壶由外力造成移动，需要重新摆放，比赛双方的计时器均停止计时。
③ 裁判员介入时，暂停计时器。
④ 比赛双方队伍确认本局比赛分数之后，暂停双方的计时器，开启局间（或中场）休息时间。如果需要通过测量确定本局比赛的最终分数，测量完成后，暂停双方的计时器，开启局间（或中场）休息时间。

（三）其他方面

① 参赛队伍只有在其计时器启动或计划启动（10 秒内）时才能投壶。如果裁判员认定某支参赛队伍毫无必要地拖延比赛，应通知该参赛队伍的指挥。此后，如果该参赛队伍的下一次投壶没有在 45 秒内到达投壶端 T 线，该投掷壶需要立即从比赛中移出。

② 如果允许运动员重新投壶，由执场裁判员决定是否开启该队伍的思考时间。

③ 如果一局比赛需要重赛，计时器恢复到上一局比赛结束的时间。

④ 在时间允许的情况下，参赛队伍必须完成应当完成的比赛部分，或认输，否则本场比赛判负。如果一个冰壶在思考时间结束之前到达投壶端 T 线，认定该冰壶已及时投出，且是有效投壶。

⑤ 如果一支队伍的计时器被错误开启（开错计时器），则该队的思考时间补加上 2 倍的裁判员确认过的错误时间。

⑥ 如果一支队伍的计时器没有正确开启（没开计时器），此队伍思考时间不会被扣除，但给另一支队伍加上适当的思考时间。

⑦ 通常情况，局间休息时间为 1 分钟，中场休息时间为 5 分钟。

❖ **特别说明**：本小点内容主要参考 *The Rules of Curling and Rules of Competition*，*October* 2022，C6：*Game Timing*.

三、暂停

无论是否使用计时器,世界冰壶联合会主办的赛事都允许使用暂停。

(一)战术暂停

在一场冰壶比赛中,每支参赛队伍都有一次 60 秒的战术暂停,每个加局比赛有一次 60 秒的战术暂停。

只有当本队计时器启动时才可由此队伍冰面上的运动员通过"T"形手势信号向裁判员申请战术暂停(图 4-4)。暂停时间包含 60 秒加行走时间。行走时间的时长由裁判长决定,并要告知且适用于所有参赛队伍,不论是否有教练员或教练员是否进入到比赛场地。

图 4-4 战术暂停手势

(二)技术暂停

参赛队伍可在要求裁决、运动员受伤或其他特殊情况时使用技术暂停,手势为双手握拳,两臂交叉(图 4-5)。技术暂停期间计时器停止运行。

图 4-5 技术暂停手势

◆ **特别说明：** 本小点内容主要参考 The Rules of Curling and Rules of Competition, October 2022, C7: Team Time-Outs / Technical Time-Outs.

第九节　点球投壶与全队投壶赛

一、点球投壶

点球投壶的作用是确定第一局比赛的先后手选择权，以及计算全队投壶赛成绩。

（一）基本规则

每支参赛队伍在赛前练习结束后，由 2 名运动员分别向第 1 局比赛投壶端（开赛端）的圆心点各投 1 个冰壶，第一个冰壶顺时针投出，第二个冰壶逆时针投出。参与点球投壶或扫冰的运动员（包括替补运动员）可以不参加本场比赛。点球投壶时，至少要有 3 名运动员在冰壶道上（最多为 4 名运动员）。如果不是，点球投壶的测量值记录为 1.996 米（6 英尺 6.5 英寸）。

投掷第二个冰壶前，第一个冰壶需测量完毕，并移出比赛区域。两个点球投壶的距离值相加为本场比赛该队伍的点球投壶成绩。

（二）确定首局比赛后手选择权的依据

除了预先确定首局比赛的后手方外，点球投壶成绩值小的队伍拥有本场第 1 局比赛的后手选择权。如果总成绩值相同，则比较单个点球投壶的距离值，距离值最小的参赛队伍拥有本场第 1 局比赛的后手选择权。如果单个点球投壶的距离值依然相同，则采用抛硬币的方式确定本场第 1 局比赛的后手选择权。

（三）测量与记录

① 所有单个测量都是圆心点到冰壶最近点的距离，但点球投壶的成绩值是圆心点到冰壶中心点的距离，以厘米为单位。

② 在世界冰壶联合会锦标赛中，冰壶的半径为 142 毫米。因此，测量结果必须加上 142 毫米。这就意味着，未停留在大本营的点球投壶的成绩值为：1.854+0.142=1.996（米）。

③ 如果冰壶覆盖了圆心点，则从大本营 4 英尺圆边沿上的 2 个点位（孔）

进行测量。这 2 个点位与圆心点的连线应为直角（90°），且到圆心点的距离为 610 毫米（2 英尺）。

（四）点球投壶数量

循环赛场次的数量决定了一名运动员在一场冰壶赛事中点球投壶的总数量，以及顺时针和逆时针投壶数量。基于《初始阵容表》，一支参赛队伍的 4 名运动员都必须完成点球投壶的最少投壶数量（表 4-1）。如果某支参赛队伍因未能完成点球投壶最少数量而犯规，则相应的点球投壶成绩记录为 1.996 米（6 英尺 6.5 英寸）。

表 4-1 点球投壶分配及数量要求

循环赛场次	投壶数量	每名运动员最少投壶数量
3	6	1 个，队伍所需的 4 个冰壶必须是 2 个顺时针和 2 个逆时针
4	8	2 个，1 个顺时针 + 1 个逆时针
5	10	2 个，1 个顺时针 + 1 个逆时针
6	12	2 个，1 个顺时针 + 1 个逆时针
7	14	3 个，至少 1 个顺时针 + 至少 1 个逆时针
8	16	3 个，至少 1 个顺时针 + 至少 1 个逆时针
9	18	4 个，2 个顺时针 + 2 个逆时针
10	20	4 个，2 个顺时针 + 2 个逆时针
11	22	4 个，2 个顺时针 + 2 个逆时针
12	24	5 个，至少 2 个顺时针 + 至少 2 个逆时针
13	26	6 个，至少 3 个顺时针 + 至少 3 个逆时针

二、全队投壶赛

全队投壶赛是全队所有运动员在循环赛期间所有点球投壶测量距离有效值的平均值。

如果点球投壶数量超过 11 个，计算平均距离时需剔除 2 个最差的点球投壶成绩；如果点球投壶数量为 11 个或以下，计算平均距离时需剔除 1 个最差的点球投壶成绩。其特殊条款如下：

① 当计算全队投壶赛成绩时，替补运动员的点球投壶只能与另一名运动员进行合并，以使其满足点球投壶数量的最低要求。

② 当全部比赛由 3 名运动员完成时，缺席运动员所需完成的点球投壶数量应平均分配给其他运动员（场上运动员）。

③ 不论何种原因，以完整阵容参加赛事的队伍，如果一名运动员不能满足点球投壶数量的最低要求，则缺失的点球投壶都将记录为最大值（1.996 米）。

④ 如果循环赛阶段采用分组循环赛制，且每组参赛队伍数量不等。为确保以同样的方式计算全队投壶赛成绩，只以循环赛中参赛队伍的"最少比赛场次"为基数，采用最少比赛场次的点球投壶数据来计算全队投壶赛成绩。基于《初始阵容表》，一支参赛队伍的 4 名运动员必须在"最少比赛场次"的比赛中满足点球投壶最少投壶数量的要求与规定。

❖ 特别说明：本小点内容主要参考 The Rules of Curling and Rules of Competition, October 2022, C8：Stone Assignment / LSD / C9：Team Ranking Procedure / DSC.

第十节　混合双人项目特殊规则

冰壶运动规则与竞赛规则总体以男女 4 人项目为蓝本，其他小项的运动规则与竞赛规则仅依据自身的特殊性进行局部或细节的修订。

一、基本规则

① 在混合双人冰壶比赛中，每支参赛队伍由 2 名运动员组成，1 名男运动员和 1 名女运动员。混合双人冰壶比赛没有替补运动员。如果 2 名运动员无法完成整场比赛，则本场比赛判负。

② 混合双人冰壶比赛采取 8 局制，每支参赛队伍在每局比赛中投掷 5 个冰壶。投掷第一个冰壶的运动员必须投掷最后一个冰壶，且每局比赛都可以更换投壶顺序。投掷第一个冰壶的运动员的投壶次数不能超过 2 次。

③ 当投壶方投壶时，非投壶方运动员可以位于冰壶道的任意位置，但不可以干扰投壶方的投壶。

④ 投壶出手后，1 名或 2 名队员可以在比赛端 T 线前对投出的冰壶和己方运动的冰壶进行扫冰。本条规则适用于所有投壶，包括点球投壶。

⑤ 根据自由防守区规则，从一局比赛的第 4 次投壶开始才可以将比赛中的有效壶击打成为无效壶。如果违反自由防守区规则，该投掷壶从比赛中移出，任何被移动的冰壶由未犯规队伍放回犯规发生前的位置。

二、"固定壶"摆放

① 混合双人冰壶比赛的冰壶道上有 9 个"固定壶"摆放点，具体位置如图 4-6 所示。"固定壶"放在位置 A（大本营前）的队伍在本局比赛中投掷第一个冰壶，"固定壶"放在位置 B（大本营中）的队伍在本局比赛中投掷第二个冰壶。

② 每场比赛中每支参赛队伍仅有 1 次，且当有"固定壶"位置选择权时，可以使用进攻局（Power Play）（图 4-6B）。加局比赛中不能使用进攻局。

③ 当赛事没有官员能够指定位置 A 的具体位置时，各支参赛队伍在赛前练习之前须根据冰面条件共同确定冰壶道位置 A 的具体位置，并适用于整场比赛。

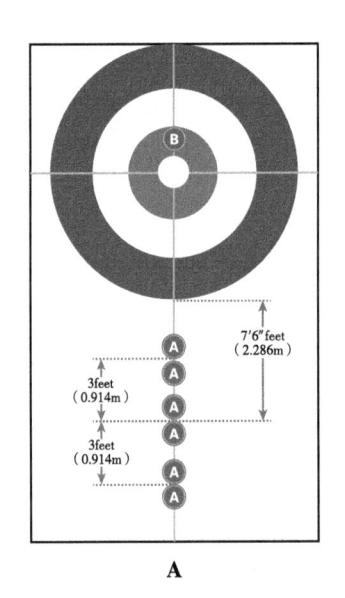

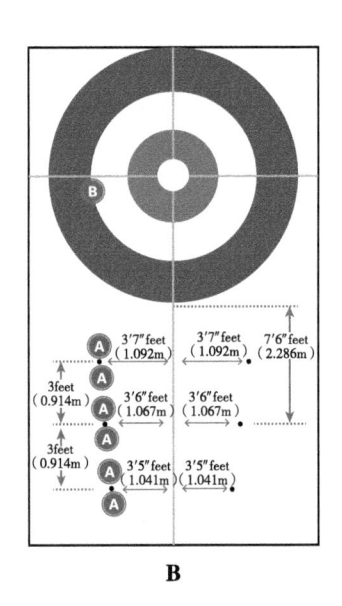

图 4-6　"固定壶"摆放位置

④ "固定壶"摆放权的确定方式如下：

a. 比赛双方队伍通过点球投壶确定第一局比赛中"固定壶"的摆放权。点球投壶成绩值小的队伍拥有"固定壶"的摆放权；

b. 第一局比赛后，在前一局比赛中未得分的队伍拥有"固定壶"的摆放权。

c. 如果双方队伍在一局比赛中均未得分，则此局中先投壶的队伍拥有下一局"固定壶"的摆放权。但是，由于测量值相等形成的空局，下一局"固定壶"的摆放权不变。

⑤ "固定壶"摆放错误的判罚原则如下：

a. 如果第 1 个冰壶投出后发现此错误，则该局比赛重赛；

b. 如果第 2 个冰壶投出后才发现此错误，则比赛继续，视为此错误没有发生。

三、比赛时间

① 每支参赛队伍在每场比赛中拥有的思考时间为 22 分钟。

② 如果某支参赛队伍没有按照规定的时间开始比赛，视为该局比赛完成。每认定完成 1 局比赛，双方比赛时间均被扣除 2 分 45 秒（认定标准请参见本章"第十节 四、延迟开赛的计分方法"）。

③ 如果需要进行加局，每个加局比赛都要调节计时器，每个加局每支参赛队伍拥有 3 分钟的比赛思考时间。

④ 通常情况下，局间休息时间为 1 分钟。当由运动员在每局比赛前摆放"固定壶"时，局间休息时间增加 30 秒。

四、延迟开赛的计分方法

如果一支参赛队伍未能在指定时间开始比赛，则按照下列原则和程序进行处理。

① 如果比赛延迟 1 分至 9 分 59 秒，则视为本局比赛已结束，对方得 1 分，并且可以在实际比赛的第一局中选择先后手。

② 如果比赛延迟 9 分 59 秒至 19 分 59 秒，则视为 2 局比赛已结束，对方再得 1 分，并且可以在实际比赛的第一局中选择先后手。

③ 如果比赛延迟 20 分仍未开始比赛，则本场比赛判负，对手获胜。

五、其他方面

① 每支参赛队伍允许注册 1 名教练员和 1 名队伍官员。

② 在计算一局比赛的分数时，应将"固定壶"考虑在内。

③ 赛前练习的时长通常为 7 分钟。

④ 点球投壶时，每名运动员顺时针和逆时针点球投壶的数量相等。如果参赛队伍的比赛场数为奇数，一名运动员多投掷一个顺时针点球投壶，则另一名运动员多投掷一个逆时针点球投壶。2 名运动员必须都在冰面上，如果不符合此规定，点球投壶的测量值记录为 1.996 米（6 英尺 6.5 英寸）。

⑤ 如果投壶顺序犯规，投掷壶需要移出比赛，任何被移动的冰壶由未犯规队放回犯规发生前的位置。如果直到下一个冰壶投出后才发现此种犯规行为，则视为此犯规行为没有发生，比赛继续。但是，投掷第一个冰壶的运动员的投壶次数不能超过 2 次。

⑥ 如果一局比赛需要重赛，应与原始局的选择保持一致（例如，固定壶的位置和投壶顺序）。

❖ **特别说明：** 本小点内容主要参考 The Rules of Curling and Rules of Competition, October 2022，C4：Pre-Game Practice/C6：Game Timing/C8：Stone Assignment /LSD/R16：Mixed Doubles Curling.

第十一节　混合四人项目特殊规则

在混合四人冰壶比赛中，每支参赛队伍由 2 名男运动员和 2 名女运动员组成。男运动员和女运动员必须轮流投壶，投壶顺序可以是"男→女→男→女"，也可以是"女→男→女→男"。

混合四人冰壶比赛没有替补运动员，采用 8 局制。在混合四人冰壶比赛过程中，如果某支参赛队伍只剩 3 名运动员，投壶顺序应为"男→女→男"，或者"女→男→女"。指挥和副指挥可以是任何垒次的运动员，但必须是不同性别。

每支参赛队伍可以注册 1 名教练员和 1 名队伍官员，而且只有此二人可以进入教练员席。

❖ **特别说明：** 本小点内容主要参考 The Rules of Curling and Rules of Competition, October 2022，R15：Mixed Curling.

┃思考与练习

1. 重新投壶的情况包括哪几种？
2. 重新比赛的情况包括哪几种？

3. 教练员和运动员的冰壶刷标识分别是什么颜色？

4. 说明《竞赛器材规范》中对冰壶刷的规范要求及违规处罚条例制定的原因。

5. 简述循环赛制中复赛阶段冰壶颜色和第一局比赛先后手选择权的确定方法。

6. 投壶顺序变更的程序与原则是什么？

7. 延迟开赛的处理原则和程序是什么？启动和停止计时的依据是什么？

8. 点球投壶分配与数量规定的要求是什么？全队投壶赛成绩的计算方法与特殊规定有哪些？

第五章 CHAPTER 05
冰壶裁判员

> **本章提要**
>
> 　　裁判员的职责是确保2支或2支以上队伍在公平的竞赛环境中进行公平、公正的竞技与博弈。裁判员作为竞赛的一部分，要在规则的框架内以公正和中立的态度执行规则所规定的内容，与赛事组委会和参赛队伍共同确保竞赛顺利开展、比赛有序推进，而且仅在更正或判罚违规行为时对比赛实施必要的干预。
>
> 　　冰壶裁判员不仅要具有精湛的专业知识与技能，还要胸怀大局、团结协作，具有高度的敬业精神与高尚的职业操守。冰壶裁判员执裁与判罚的依据与准则是世界冰壶联合会印发的最新版《冰壶运动规则和竞赛规则》。

第一节　工作守则与行为准则

一、工作守则

① 拥护中国共产党，热爱社会主义，热爱祖国，热爱体育事业，热爱裁判工作。

② 努力钻研业务，精通规则和裁判法，积极实践，不断提高业务水平。

③ 严格履行裁判员的职责，做到严肃、认真、公正、准确。

④ 作风正派，不徇私情，坚持原则，敢于同不良倾向作斗争。

⑤ 裁判员之间相互学习，相互尊重，相互支持，团结一致。

⑥ 服从领导，遵守纪律，执行任务时精神饱满，服装整洁，仪表大方。

二、行为准则

裁判员的行为准则是裁判员风度的基本标准与直接体现。在任何体育项目中，裁判员的工作都是非常重要的，这就要求身为执法者的裁判员要诚实、富有责任感。优秀的裁判员值得尊重，他们执法如山，从不会受运动员、观众、媒体及自己所在国家、单位或协会等方面因素的影响。冰壶裁判员应遵守以下行为准则：

① 裁判员必须对所有参赛队伍和运动员一视同仁，在任何情况下都不可偏袒任何一方。

② 依据规则，快速、公正而准确地做出裁决，不受到比赛分数、个人观点、观众偏好等因素的影响。

③ 对于比赛、裁决和规则等方面的任何评论都应控制在裁判员之间。如有其他人或媒体在场，禁止谈论此事。

④ 裁判长是回答媒体有关裁决和规则执行等方面提问的唯一指定人选。切记，没有什么"非正式"的评论，言谈一定要谨慎。

⑤ 时刻遵守裁判员工作守则、行为准则和世界冰壶联合会的理念。同时，保持适度灵活性，与组委会、参赛队伍（运动员、教练员、领队）、制冰师、其他裁判员、媒体及现场工作人员等保持良好的人际关系，尊重他们的工作、角色和职责，避免与其产生不必要的对抗或矛盾。

⑥ 裁判员禁止参与与所执场比赛有关的任何赌博。

⑦ 赛事期间酒精饮料的摄入要适度。有工作任务的裁判员，比赛开始前6小时内和执裁期间禁止饮用酒精类饮料。经过讨论（如当事人、裁判长等），世界冰壶联合会（或相关部门与委员会）竞赛部主任或技术代表可对违反饮酒规定的裁判员予以暂停执裁本次赛事的处罚。

⑧ 裁判员应自觉遵守着装规范，在所有的赛事活动中穿着合适的服装（不可以穿蓝色牛仔裤），进入比赛场地应穿着黑色裤子和（或）组委会或世界冰壶联合会提供的工作服装。除赛场到宾馆的往返交通外，裁判员在比赛场馆以外的其他公共场所不可以穿着官方指定的工作服装。

⑨ 裁判员在任何情况下都要保持良好的精神风貌和行为规范，在执裁过程中应保持标准的站姿或坐姿，不要身体倚靠板墙，不得无故进入比赛场地，禁止在比赛场地拍摄照片。

⑩ 裁判员须确保休息充足，头脑清醒、思维敏捷，为每一场训练和比赛做

好充分的准备工作。

⑪ 在赛事期间，裁判员可以与参赛队伍进行社交层面的沟通，但不应与某个特定的参赛队伍或运动员进行过于频繁的社交活动。如果裁判员与所执场比赛的运动员、教练员有个人或商业关系，应提前提供充分且详细的说明。

⑫ 严格执行裁判长确认过的工作日程安排。在循环赛阶段，裁判长和裁判员应按照《竞赛日程表》上的开赛时间至少提前60分钟到达比赛场馆。半决赛和决赛阶段，裁判长和裁判员应按照《竞赛日程表》上的开赛时间至少提前90分钟到达比赛场馆。当裁判长不在场时，副裁判长将承担起裁判长的职责。

⑬ 按照规定时间提交工作总结或工作报告。

⑭ 严格遵守《体育竞赛裁判员管理办法》《全国冰雪项目体育竞赛裁判员管理办法》中的相关规定，以及相关管理部门制定的具体规定、办法与条例。

⑮ 以上准则如有与相关法律、法规或管理规定等相违背之处，请以法律、法规和管理规定的要求为标准。

第二节　权利与义务、着装规范与岗位类型

一、裁判员权利

冰壶比赛中的裁判员是冰壶运动规则和竞赛规则的执行者，要始终如一地按照相关具体条款执行规则，以使冰壶比赛更加精彩、顺畅，以便运动员、教练员和观众都能全身心地投入比赛和享受比赛。

① 裁判员有权对参赛队伍之间的任何争议做出裁决，无论争议是否与规则相关。

② 裁判员可以在比赛中的任何时间介入比赛，指导冰壶摆放和运动员行为。

③ 裁判长有权在任何时间干预或介入比赛，并对比赛相关人员的行为给予相应指导。

④ 裁判员可以以任何理由推迟比赛，并决定比赛推迟的时长。

⑤ 任何与规则相关的事情都由裁判员裁定。如果对裁判员的裁定有异议，以裁判长（或裁判长不在场时，被指派履行裁判长职责的技术官员）的判决为最终裁定。

⑥ 裁判长可以将有不礼貌行为或言语的运动员、教练员及队伍官员驱逐出比赛场地。被驱逐出场的人员必须离开比赛场地，并且不得参与本场剩余比赛。运动员被驱逐时，禁止使用替补运动员替换离场运动员。

⑦ 裁判长可向有执法权的冰壶组织建议在当前或今后比赛中对运动员、教练员及队伍官员给予取消参赛资格或停赛的处罚。

❖ **特别说明**：本小点内容主要参考 *The Rules of Curling and Rules of Competition*，*October* 2022，*C*10：*Umpires*.

二、裁判员义务

① 自觉遵守有关纪律和规定，廉洁自律，公正、公平执法；
② 主动学习、研究并熟练掌握运用本项目竞赛规则和裁判法；
③ 主动参加培训，并服从和指导培训其他裁判员；
④ 主动承担并参加各类裁判工作，主动配合有关部门组织相关情况调查；
⑤ 主动服从管理，并参加相应技术等级裁判员的注册。

三、着装规范

裁判员的工作服装是裁判员身份的体现，也是裁判员专业形象的象征。裁判员着装的具体要求如下：

① 裁判员的工作服装上不能出现无关标志，也不可以佩戴任何徽章；
② 裁判员的工作服装应具备良好的保暖功能；
③ 裁判员仅可在执场比赛及场馆与驻地往返时穿着裁判员工作服装，其他任何时间禁止穿着裁判员工作服装；
④ 裁判员的工作服装包括黑色（深色）制服、黑色裤子、黑色运动鞋或冰壶鞋；
⑤ 裁判员的鞋底应保持洁净，并具有防滑和保暖功能；
⑥ 裁判员最好不戴帽子、围巾和手套，如有必要也均应为黑色。

四、岗位类型

根据工作性质可以将冰壶裁判员进行如下分类：技术代表（TD）、裁判长（CU）、副裁判长（DCU）、执场裁判员（GU）、计时长（CT）、副计时长

(DCT)、统计长（CS）、计时裁判员（GT）、统计裁判员（STATS）、观察裁判员（EIA）、前掷线裁判员（HLO）及冰上助理（IPA），此外，还可以包括编排记录员或成绩处理团队。

不同级别的赛事所需要的裁判员类型和数量各不相同。如俱乐部级别的赛事通常不需要统计裁判员，世界冰壶联合会级别的赛事则通常不需要编排记录员，相应工作由成绩处理团队完成。此外，冰上助理是轮椅冰壶比赛的特有岗位，通常由志愿者担任。

以奥运会和世锦赛为例，裁判员岗位类型和数量如表5-1和表5-2所示。其中，国际技术官员（International Technical Officials，ITOs）是由世界冰壶联合会指派的裁判员和技术人员，国内技术官员（National Technical Officials，NTOs）是由赛事主办方选派的裁判员、技术人员和专业志愿者。

表5-1 国际技术官员岗位与人员数量一览表

岗位	奥运会人数	残奥会人数	世锦赛人数	备注
技术代表（TD）	2	2	1	
裁判长（CU）	1	1	1	
副裁判长（DCU）	1	1	1	
执场裁判员（GU）	9	7	5~6	
首席制冰师（CIT）	1	1	1	技术人员
副制冰师（DCIT）	2	1	1	技术人员
计时长（CT）	1	1	1	
副计时长（DCT）	1	1	1	
统计长（CS）	1	1	—	

表5-2 国内技术官员岗位与人员数量一览表

岗位	奥运会人数	残奥会人数	世锦赛人数	备注
计时裁判员（GT）	10	10	10	
统计裁判员（STATS）	16~20	16~20	10	
制冰助理（IV）	12	12	8	志愿者
冰上助理（IPA）	—	20	18	志愿者

第三节　岗位职责与工作内容

一、技术代表

世界冰壶联合会主办的冰壶赛事，技术代表由世界冰壶联合会竞赛部主任推荐，并需经世界冰壶联合会主席和秘书长的批准与任命。国家级冰壶赛事的技术代表应由中国冰壶协会指派。

技术代表的主要职责是代表世界冰壶联合会或中国冰壶协会对竞赛组织工作提供技术支持与协调，确保比赛在世界冰壶联合会制定的规则、政策和程序内进行。技术代表应实时了解所有正在做出的决策，并参与决策制定的过程。技术代表在做出任何决定之前都需要与相关的国际技术官员（裁判员）进行沟通和咨询，且最好与世界冰壶联合会竞赛部主任和理事会（中国冰壶协会和竞委会）进行协商，但技术代表享有最终决策权。

二、裁判长

世界冰壶联合会主办的冰壶赛事，裁判长由世界冰壶联合会指派。国家级冰壶赛事的裁判长应由中国冰壶协会指派。

裁判长的主要职责是代表赛事组织方负责控制和掌管比赛。裁判长是裁判员团队和技术代表之间沟通的桥梁，应确保世界冰壶联合会的规则和政策（如冰壶刷、标识等）得到遵守，并解决与竞赛相关的一切问题，而且还兼有指导、培训副裁判长之责，使其做好承担裁判长职责的准备。

裁判长需要具备出色的领导才能和高效的沟通与裁决能力，在竞赛期间时刻注意自己的言行举止，避免对任何参赛队伍产生偏爱或抵触倾向。

（一）竞赛开始前

① 与组委会保持密切联系，与技术代表共同准备赛前队会的会议文件（TMD），并在发给各支参赛队伍前上交赛事主办方或赛事主管进行审议。

② 与赛事主办方和组委会共同商议赛前队会的时间和地点、裁判员的食宿安排，以及裁判员在驻地和赛场之间的往返交通事宜。

③ 制定裁判员的工作时间表，检查各种竞赛表格的准备情况，并于比赛前

下发给裁判员。

④ 确认裁判员的抵达时间，告知必须参加的相关活动和着装要求，并与裁判员一同布置裁判员休息室。

⑤ 核查冰壶道、器材和设备的明细清单，向制冰师了解冰壶道和比赛用壶的具体情况。

⑥ 召开赛前全体裁判员工作会议，分享、解读比赛规则和竞赛程序，与相关人员（如统计长、计时长）共同制定赛前队会和场地适应性训练的裁判员分工表。

⑦ 确保竞赛志愿者已经知晓了他们的工作职责。

⑧ 确认可以进入教练员席的人员。

⑨ 协助技术代表主持赛前队会，并核查参赛队伍的注册服装。

（二）竞赛期间

① 确认教练员和运动员在比赛前至少45分钟可以抵达比赛场馆。

② 收集《阵容变更表》（如果有），并告知统计长和媒体协调员。

③ 实时更新点球投壶数据，并收集比赛相关数据（如局数、空局数）。

④ 为执场裁判员和计时裁判员提供必要的帮助与支持。

⑤ 监察运动员和教练员的服装，以确保其符合规定。

⑥ 监察赛场上所有人员的动作和行为，包括教练员席上的所有人员。

⑦ 处理比赛中的突发事件，当裁判员的裁决受到质疑时做出判罚决定，并记录所有裁决。

⑧ 循环赛最后一轮比赛前，准备好麦克风和复赛阶段具体事宜的宣告文稿。

⑨ 与首席制冰师和技术官员共同商定复赛阶段使用的冰壶道，除非事先确定。

⑩ 召集并主持循环赛结束后会议（复赛阶段会议），确定比赛双方队伍的冰壶手柄颜色、使用的冰壶道及训练时间等事宜。复赛阶段的每场比赛后都要重复此过程。

⑪ 安排复赛阶段练习和比赛的裁判员，监督与核查复赛阶段比赛用壶的摆放情况。

⑫ 如果需要，做好兴奋剂检测的辅助性工作，并与医务官员保持联络。

⑬ 协助开展体育道德风尚奖的评选。在各支参赛队伍最后一轮循环赛前，

向其分发体育道德风尚奖选票，并在其当天离开场馆前回收。裁判长是统计选票结果的唯一人选，须对结果保密，仅可以告知技术代表。

（三）竞赛结束后

① 撰写并提交裁判长工作报告，归纳总结赛事中出现的问题，并提出相应的建议，以便在以后的赛事中更好地处理类似情况，或避免类似情况发生。
② 向竞赛主管部门汇报裁判员的工作表现。

三、副裁判长

世界冰壶联合会主办的冰壶赛事，副裁判长由世界冰壶联合会指派。国家级冰壶赛事的副裁判长应由中国冰壶协会指派。

副裁判长须对裁判长负责，在竞赛期间的任何时候都要做好接替裁判长工作的准备，还应协助裁判长指导、培训执场裁判员，使其成为更加优秀的技术官员。

四、执场裁判员

世界冰壶联合会主办的冰壶赛事，执场裁判员由世界冰壶联合会指派。国家级冰壶赛事的执场裁判员通常由赛事组委会或组织机构任命或指派。

执场裁判员的主要职责是执行裁判长所分配的工作任务，并协助裁判长组织比赛场地内外的赛事运行。他们需要对冰壶规则、竞赛手册、技术官员手册、赛前队会文件及赛事程序都非常熟悉。

（一）竞赛开始前

① 熟悉赛前队会的会议文件，特别是本次赛事的特定程序或规定。
② 协助裁判长核查比赛用壶、裁判员休息室、竞赛表格、记分板、计时器及测量工具等，确认竞赛器材及用具齐全完备，且处于可用状态。
③ 协助裁判长开展场地适应性训练期间的相关工作。
④ 在赛前队会时，核对参赛队伍运动员和教练员的出席情况。承担此项任务的执场裁判员应至少在会前30分钟到达会场。

（二）竞赛期间

① 按照执场分工表执裁，提前到场，调试对讲机，组织赛前练习，并在第

一组赛前练习开始之前通过对讲机与所有相关人员进行联通（包括裁判长、计时长、制冰师和成绩处理团队）。

② 如果不使用冰壶教练员系统（CuCoS），则收集《参赛阵容表》，将复印件交至成绩处理团队（编排记录组）。

③ 按照点球投壶测量的分工，完成测量工作。

④ 只关注所负责的冰壶道的比赛，与裁判长、副裁判长、计时长、统计长、制冰团队、媒体转播团队保持良好的沟通，并在具体时间节点进行相应提示。协助工作团队解答疑问，对具体事件进行妥善处理。

⑤ 解答参赛队伍的疑问，并提供相关信息。

⑥ 确保对阵双方在公平的条件下进行比赛，以中立和公正的态度执行裁决。

⑦ 在违规或修正错误时介入比赛。如果时机恰当，执场裁判员在防止出现违规时也可以介入比赛（如冰壶刷违规、混双中的投壶顺序错误）。

⑧ 如果需要，执行测量。

⑨ 禁止与运动员、教练员、裁判员、媒体或观众进行非必要的交流，及时向裁判长报告教练员和运动员之间的不当沟通。

⑩ 记录违规和事件。重要违规行为应立即通知裁判长，轻微违规行为可在比赛结束时告知裁判长。

⑪ 监控战术暂停时间，并在剩余 10 秒时通知队伍。

⑫ 监控中场休息时间（通常为 5 分钟），并在剩余 1 分钟时通知双方队伍。

⑬ 监控局间休息时间（通常为 1 分钟）。

⑭ 控制技术暂停，并确定技术暂停是否有效。

⑮ 在比赛双方队伍确认本局分数后公布分数。更新记分板前核实分数，并更新总分和后手。

⑯ 确认冰壶道两端记分板的最终状态，如果有未完成的比赛局，确认是否需要悬挂"×"。

⑰ 引导比赛双方队伍签字确认本场比赛分数，填写必要信息后将《冰上官员记分卡》及其他竞赛表格上交裁判长。

⑱ 根据裁判长的要求参加相关会议，按照分工组织其他训练（如晚场训练、循环赛后的训练）。

⑲ 如果媒体或观众对比赛期间出现的情况或事件进行询问，应礼貌地拒绝，并告知他们：裁判长将会回答他们的提问。

❖ **特别说明**：如果赛事配备观察裁判员，上述的某些工作将由观察裁判员来完成。

（三）竞赛结束后

① 根据组委会的要求，协助引导参赛队伍参加闭幕式和（或）颁奖仪式。
② 清洁裁判员休息室，帮助整理所有器材（如数字牌、对讲机）。

五、计时长

世界冰壶联合会主办的冰壶赛事，计时长由世界冰壶联合会指派。国家级冰壶赛事的计时长通常由赛事组委会或组织机构任命或指派。

计时长直接向裁判长和技术代表汇报工作情况，并应确保所有比赛计时设备准备就绪，制定计时裁判员的执场分工表。计时长有责任指导、培训副计时长，使其做好承担计时长职责与责任的准备。

（一）竞赛开始前

① 检查岗位所需器材和设备。
② 组织计时裁判员的赛前学习，解读计时规则与准则，并组织计时裁判员进行赛前实习。
③ 根据赛程制定计时裁判员的执场分工表，分为 A 组和 B 组，每一轮比赛要有一名替补计时裁判员。
④ 如果没有副计时长，指定一位经验丰富的计时裁判员承担副计时长的职责。
⑤ 确认《比赛时间记录表》的数量充足。
⑥ 与裁判长确认以下事宜：
a. 各种训练和练习期间显示屏的主控冰壶道。
b. 各种训练和练习期间操作计时器的计时裁判员。

（二）比赛开始前

① 比赛开始前 1 小时到达比赛场地，调试计时设备，检查系统的参数设置。
② 计时裁判员在比赛开始前 40 分钟向计时长报到。如有缺席，计时长须向裁判长和组委会汇报。
③ 监督赛前练习的时间控制。

④ 确认计时裁判员的《比赛时间记录表》是否正确，并与记分板进行数据信息的比对核实。

（三）比赛期间

① 确保计时裁判员知晓第一局比赛后手方和先手方的冰壶颜色。
② 控制比赛开始前的倒计时。
③ 确保计时裁判员在比赛期间对计时系统进行了正确的操作（如每局比赛开始时间、暂停、休息开始时间和违规）。
④ 确保计时裁判员记录了每局比赛的结束时间（最新版的 Curltime 软件在计时裁判员屏幕底部显示此信息）。
⑤ 当中场休息时间还剩 1 分 10 秒时，告知执场裁判员。
⑥ 确保计时裁判员对战术暂停和技术暂停进行了正确的记录。
⑦ 出现计时错误或计时器故障时，立即通知执场裁判员，监督并记录对时间进行的修正。
⑧ 当参赛队伍的思考时间还剩 2 分钟时，通知裁判长。
⑨ 检查计时裁判员对计时系统的加局时间设置。
⑩ 收集填写完毕的《比赛时间记录表》。

（四）比赛结束后

① 如需要，会同裁判长处理有关计时方面的争议。
② 在既定的时间内，为下一场比赛重置计时系统。
③ 循环赛结束前，制定复赛阶段计时裁判员的执场分工表。

（五）竞赛结束后

① 打包或归还器材与设备。
② 撰写并提交计时长工作报告。

六、计时裁判员

计时裁判员由组委会选派和组织，负责操作指定冰壶道的计时设备。计时裁判员必须非常熟悉计时设备、操作方法和计时规则。在极少情况下，可能需要计时长或副计时长提供冰壶规则、专业术语和竞赛方法等方面的基本指导。

（一）竞赛开始前

① 参加计时长召集的会议，接受计时程序与操作方法的相关培训（如赛前练习、点球投壶的时间控制及比赛时间记录）。

② 确认执场分工表的可行性。

③ 进行计时设备的实践操作演练。

（二）比赛开始前

① 比赛开始前 40 分钟向计时长报到。

② 操作赛前练习计时器的计时裁判员必须在比赛开始前 40 分钟到达工作岗位，其他计时裁判员必须在比赛开始前 10 分钟到达工作岗位。

（三）比赛期间

① 全神贯注地关注所负责的冰壶道。

② 正确操作计时系统，实时更新《比赛时间记录表》。

（四）比赛结束后

① 保留记分板上的比赛信息，切记不要重置。

② 按照要求填写完毕《比赛时间记录表》，并上交计时长。

七、统计长

世界冰壶联合会主办的冰壶赛事，统计长由世界冰壶联合会指派。国家级冰壶赛事的统计长通常是由赛事组委会或组织机构任命或指派。

统计长（统计监督）须对技术代表负责，并有责任指导、培训副统计长，使其做好承担统计长职责与责任的准备。统计长应与成绩处理团队（编排记录组）和裁判长保持联络，确保赛事运转流畅，主要职责是为所有参赛队伍、媒体、裁判员、组委会及技术代表或竞赛部主任提供全面的成绩处理与传输服务，并对统计裁判员进行培训和监督。

（一）竞赛开始前

① 与相关的工作人员对接统计裁判员和统计长操作台的位置与摆放，正确设置和连接计算机与打印机。

② 与技术代表共同将成绩处理团队工作间设置在最佳位置，尽最大可能使

其可以直接看到比赛场地、记分板和计时屏幕，并可以连接互联网。根据赛事的不同，成绩处理团队工作间也可能位于统计台（统计裁判员附近）。

③ 组织统计裁判员的赛前实习和培训，制作裁判员的执裁分工表。分为 A 组和 B 组，每一轮比赛要有 2 名替补统计裁判员。

④ 与裁判长讨论成绩处理的要点，明确记分板信息更新的具体要求。

⑤ 与计时长核准确定比赛时间结束的具体条件。

⑥ 安装技术设备。

⑦ 指导裁判员使用冰壶裁判员系统（CuUmS）。

⑧ 赛前队会期间的主要工作包括：

a. 提前 30 分钟到达会场，向参赛队伍（最好是教练员）分发《初始阵容表》，并进行简要说明。

b. 如可能，会前回收填写完毕的《初始阵容表》，否则在会后回收。

c. 将变更信息输入成绩系统，并将表单交给裁判长归档。

d. 打印循环赛的《冰上官员计分卡》，以及各种相关竞赛表格。

e. 告知相关竞赛表格的分发程序与回收规定，以及电子版或纸质版成绩册的分发程序。

（二）比赛开始前

① 比赛开始前 1 小时到达比赛场馆，打开设备并检查系统参数设置。

② 核查冰壶教练员系统中参赛队伍的阵容信息。

③ 将纸质版的《参赛阵容表》分发给裁判长和冰上裁判员（除非使用装有冰壶裁判员系统的平板电脑）。

④ 点球投壶测量期间对裁判员提供必要的帮助，并将测量值录入冰壶裁判员系统。

⑤ 确认首局比赛的后手权之后，在每位统计裁判员的工作电脑上载入比赛数据。

（三）比赛期间

① 正确设置比赛单元和参赛队伍等信息。

② 每局比赛结束后，更新或核实比分数据。

③ 时刻做好阵容变更的准备（通过无线电沟通，并将变更信息录入冰壶教练员系统）。

④ 监管所有统计裁判员的工作，以确保输入的数据正确无误。

（四）比赛结束后

① 通过无线电与执场裁判员确认最终比分。
② 从计时屏幕或计时长处确认或更新剩余的思考时间。
③ 每轮比赛结束后，计算并更新全队投壶赛成绩，将比分和排名交给裁判长，同时生成所有输出文本，并上传到指定网站。
④ 将纸质版成绩报告分发到各指定地点。
⑤ 准备下一个竞赛单元的相关工作（包括确认冰壶教练员系统处于正常的工作状态）。
⑥ 循环赛阶段的最后一个竞赛单元时，做好以下工作：

a. 比赛前和比赛期间与裁判长和技术代表共同商讨，并计算循环赛阶段各种可能的最终排名。

b. 比赛结束后，制作全队投壶赛报告，并分发给裁判长和教练员。

c. 向裁判长和技术代表确认最终排名。

d. 生成所有输出文本（包括复赛阶段时间表），并上传到指定网站。

e. 循环赛后会议结束后，立即制作复赛阶段的各种竞赛表格。

（五）竞赛结束后

① 为所有参赛队伍、媒体、组委会和技术代表等提供成绩册（电子版或纸质版）或生成电子版成绩册并上传到指定网站。
② 打包或归还器材与设备。

八、统计裁判员

统计裁判员由组委会选派和组织，负责操作指定冰壶道的统计设备，必须能够熟练操作统计软件、熟知相关规则、理解冰壶技战术，知晓队伍的投壶选择。工作期间2人为一个小组，统计运动员的投壶成功率，统计结果会在指定媒体及网站上实时播报或显示。

（一）竞赛开始前

① 参加统计长召集的会议，接受统计原则、程序与操作的相关培训。
② 确认执场分工表的可行性。

③ 统计设备的实践操作演练。

(二) 比赛开始前

① 比赛开始前 40 分钟向统计长报到。

② 比赛开始前 10 分钟到达工作岗位。

(三) 比赛期间

① 全神贯注地关注所负责的冰壶道。

② 正确操作统计系统。在进行投壶技术统计时，只考虑投壶执行情况，而不考虑战术是否合理，并且要保持中立，不偏袒任何参赛队伍或运动员。

九、观察裁判员

观察裁判员的主要职责是观察。观察裁判员是执场裁判员和运动员之间的纽带，是执场裁判员的眼睛。观察裁判员没有裁决权。

(一) 比赛开始前

① 按照裁判长指定的时间向主管报到并领取必备的器材：板夹、计分卡（表）、铅笔、战术板，也可能包括秒表、《犯规记录表》或《参赛阵容表》。

② 核查《冰上官员计分卡》的比赛轮次、日期、冰壶道和参赛队伍名称等信息。

③ 检查战术板上的 16 块磁扣是否齐全和完整。

④ 在规定时间到达比赛场地的指定位置。

(二) 比赛期间

① 根据执场裁判员提供的信息，在记分板上正确悬挂第一局比赛的后手标识。

② 在《冰上官员计分卡》上记录比赛实际开始时间，并填写所需信息。

③ 执场裁判员确认当前局比赛的分数后，立即标记两队的分数（如 0∶0、1∶0、2∶0 等），并要调整记分板末端的总分。

④ 每局比赛结束后，根据实际情况移动后手标识。

⑤ 禁止接触运动员的冰壶。

⑥ 用战术板上的磁扣记录比赛中冰壶的位置。若发现磁扣位置不准确，可

以进行微调。调整战术板上磁扣的最佳时机是运动员正在或即将投壶时。

⑦ 确认运动员的装备、服装和背包等个人物品摆放在记分板后方或远离步行区域，确保比赛场地整洁。

⑧ 如有需要，填写《犯规记录表》。当观察裁判员位于比赛端时，记录比赛端前掷线到比赛端挡板之间的所有犯规；当观察裁判员位于投壶端时，记录投壶端挡板到比赛端前掷线之间的所有犯规。如果每条冰壶道只有一名观察裁判员，则要位于比赛端并记录冰壶道上的所有犯规，同时也需要记录运动员和教练员之间的所有"非法"交流。

⑨ 尽量保持坐姿，但当冰壶投出后，可以移动到一个更加清晰的观察位置，以便于观察关键投壶。切记不要影响到相邻冰壶道的运动员。

⑩ 在比赛过程中，不与运动员、技术官员、媒体人员、观众或教练员随意交谈。

⑪ 如果出现意外情况，不要干涉，观察并等待运动员咨询争议冰壶投出前的有效壶位置。若双方运动员无法自行解决，则寻求执场裁判员的帮助。在没有被咨询的情况下，唯一可以干涉的情况是冰壶触碰到边线，已成为无效壶，但比赛双方的运动员均没有察觉。

⑫ 比赛期间如果需要离开工作岗位，要先通知执场裁判员，并等待替补人员到位后方可离开。

⑬ 如果参赛队伍要求测量或裁决，应当立即通知执场裁判员。

⑭ 如果计时器无法使用，在局间休息剩余 10 秒时通知参赛队伍，在中场休息剩余 1 分钟时通知参赛队伍。

⑮ 在混合双人比赛中，如果需要，帮助摆放"固定壶"。

a. 使用指定冰壶，每种颜色的冰壶在冰壶道两端各放 1 个，均做好标记。如果需要更换指定用壶（为了使冰壶的滑行带磨损程度相同），冰壶上的标记也需根据轮换顺序同步进行更换。

b. 将不用的冰壶一起放在踏板，并远离比赛用壶。如果踏板和后挡板之间有足够的空间，固定壶也可以放在冰枕后方。

c. 通常情况，一局比赛中得分或空局的队伍在下一局比赛中先手，除非队伍事先声明有不同选择。

d. 先手方的固定壶摆放在自由防守区，后手方的固定壶摆放在大本营内。

e. 摆放固定壶之前，使用微纤维布清洁固定壶的滑行带。如果冰面条件非常完美（如干净、无霜），可以仅在比赛开始前和中场休息时进行清洁。倾斜冰壶时，一定要小心谨慎，要在底线附近，而不是踏板区域前方。

⑯ 在混合双人比赛中，记录每局比赛的投壶顺序，确保第一名投壶运动员不会投掷前2个冰壶。如果参赛队伍将要出现投壶顺序错误，立即告诉执场裁判员。

（三）比赛结束后

① 如执场裁判员提出要求，请帮助清理记分板。

② 如果比赛在远端结束，告知运动员应将冰壶留在原处，禁止将冰壶移动到近端，以免影响其他冰壶道正在进行的比赛。

③ 整理并归还所有器材。

十、前掷线裁判员

前掷线裁判员只负责观察运动员投壶出手时是否存在违规行为。前掷线裁判员通过对讲机与执场裁判员和裁判长保持联络，并报告所有违反投壶规则的行为。

（一）比赛开始前

① 按照裁判长指定的时间向主管报到，并领取必备的器材。

② 在规定时间到达比赛场地的指定位置。

（二）比赛期间

① 前掷线裁判员位于前掷线延长线上，集中注意力观察前掷线而不是投壶运动员。

② 前掷线裁判员在比赛进行期间需要高度集中注意力，并具有良好的判断力和快速的反应力。

③ 前掷线裁判员必须首先确认，并确定发生了犯规行为。

④ 前掷线裁判员的判决必须坚决，且不惧怕恐吓。如果可能的话，对面的前掷线裁判员应与其就判决进行确认和证实。

十一、编排记录员

国内冰壶比赛通常设有编排记录员的工作岗位，其主要工作职责和工作内容，请参见"第二章 第四节 二、工作内容与工作流程"。

十二、冰上助理

冰上助理是轮椅冰壶比赛的特有岗位，具体内容请参见"第七章 第四节 冰上助理的工作职责与工作流程"。

思考与练习

1. 结合实际和本章内容，认真思考裁判员具有高尚职业操守的重要性，以及一名优秀的冰壶裁判员应具有什么样的职业素养。
2. 冰壶裁判员的着装规范有哪些？
3. 冰壶裁判员有哪些岗位，不同级别赛事的裁判员配备数量如何？
4. 简要阐述裁判长、计时裁判员和观察裁判员的工作职责和工作内容。

第六章 CHAPTER 06
裁判方法与实践指南

> **本章提要**
>
> 冰壶裁判员必须全面透彻地理解和熟知冰壶运动规则和竞赛规则,以及规则执行的程序、标准与方法。不同岗位的裁判员应该对所负责的工作内容、工作流程和岗位职责有清晰的认知和深入的理解,要做到"精、专、透",并能够熟练掌握相应竞赛表格和竞赛仪器的使用与操作方法。
>
> 冰壶裁判员应自信开放,并时刻牢记:运动员是冰壶比赛的主体,裁判员仅起到辅助作用,测量和干预比赛只是为了更正不当行为或使运动员和教练员等能够遵守规则。

第一节 赛前核验与实践演练

一、裁判长赛前核验工作

(一) 核验工作清单

① 获取相关人员及组织或部门联系人的联系方式,如首席制冰师、组委会、食宿负责人和交通负责人等。

② 获取冰壶信息,如冰壶编码。

③ 确认赛前队会的时间和地点、场地适应性训练的日期、裁判员的抵离时间和摆渡车、裁判员的食宿安排和工作服装领取等信息。

④ 检查裁判员休息室的必备物品与基本条件。

⑤ 安排竞赛志愿者培训和会议的时间和地点,获取竞赛志愿者工作时间表。

⑥ 确认混合采访区的位置、路线，比赛场地媒体人数规定，以及转播时间安排等信息。

⑦ 检查场地准备情况，主要包括以下几个方面：

a. 参赛队伍队名牌和数字牌的分类整理。

b. 场馆内时钟的位置。应便于所有官员和运动员观察。

c. 清洁地毯，确保冰场工作人员或清洁工每天都用吸尘器清洁地毯。如可能，每两个竞赛单元之间也要进行吸尘清洁。

d. 裁判长或副裁判长座席区和必备物品与器材。

e. 用于录入参赛队伍阵容的平板电脑的位置。

f. 教练员（替补运动员）席的位置和电源插口数量。它位于每条冰壶道后方，并应贴有正确的赛道号和与冰壶相同颜色的深浅标识，每支队伍至少有 2 个电源插口。

g. 门窗要有遮盖。以防止日光对冰面造成不利影响。

h. 确认冰壶道近端和相对应的计时裁判员操作台标有 A、B、C 等字母标识。

i. 确认功能用房的位置与标识，如更衣室、医务室、物理治疗室、裁判员休息室、兴奋剂监测站等。

j. 确认比赛场地到洗手间的通行线路。

k. 如果没有预先分配晚场训练道次，须确定《晚场训练预定表》的张贴位置。

l. 当可以进行赛前冰面检查时，与制冰师共同进行检查。

m. 确认测量用具的性能、设置、标记、数量、精度及比赛场地内的存放位置。

n. 确定比赛场地内的通行线路和暂停时教练员的行走时间。

o. 确认比赛场地内装备袋或个人物品的存放位置。

p. 检查记分板及配套用品的准备情况（详见第三章 第一节 三、记分板）。

q. 确认计时设备和显示器的位置、合理安装与正常运行，并贴上与计时裁判员操作台相对应的字母标识。

⑧ 检查竞赛表格准备情况，主要包括：a. 初始阵容表；b. 参赛阵容表；c. 阵容变更表；d. 点球投壶记录表；e. 冰上官员计分卡；f. 比赛时间记录表；g. 前掷线记录表；h. 犯规记录表；i. 晚场训练日程；j. 晚场训练预定表；k. 复赛阶段比赛信息；l. 复赛阶段选壶表。

⑨ 检查竞赛文件准备情况，主要包括：a. 赛前队会文件；b. 赛前练习脚本；c. 赛前练习计时程序；d. 规则手册；e. 冰壶信息表；f. 赞助商标识；g. 注册服装清单。

（二）冰面测量与冰壶核查

① 确认中心孔和点球投壶直角测量孔的深度、宽度和位置。
② 确认大本营和其余冰面的精度，包括前掷线到磁条的距离。
③ 确认限制线的位置。
④ 确认轮椅线的位置。
⑤ 确认混双比赛"固定壶"放置点的位置。
⑥ 与制冰师确认比赛期间检查和更换电子壶盖的程序。
⑦ 核实冰壶序号与手柄的匹配情况（包括备用冰壶）。
⑧ 核实冰壶与冰壶道的匹配情况。

二、测量工作实践演练

① 测量实践必须安排在竞赛准备日。
② 执行不同类型的测量，例如直角测量块测量、测量杆测量、千分测量尺的 2 壶、3 壶和 4 壶测量及视觉测量等。
③ 点球测量时，要知道冰壶停在 4 英尺圆、8 英尺圆和 12 英尺圆的大概数值，并将测量结果输入平板电脑（包括两点测量）。
④ 执场裁判员要熟悉所有测量工具的使用方法。
⑤ 执场裁判员在完成测量工作之后，首先需要与双方队伍确认测量结果，然后才可以移动冰壶（点球测量时无须运动员现场观察测量过程）。
⑥ 测量实践时，要确保所有测量用具都放置在冰面上。

第二节　执场裁判员常规工作流程

一、点球投壶运动员核查

参赛队伍可以在点球投壶开始前更改投壶队员，即使队伍已经在冰壶教练员系统里输入了其他运动员（或填写了纸质版《点球投壶顺序表》），也可以更改。点球投壶运动员的核查与处理程序如下。

① 一名执场裁判员根据本场比赛的《点球投壶记录表》，在冰壶道远端核对投掷点球运动员的姓名。如果核对无误，在表单上勾选正确；如果有误，标注实际投壶运动员。

② 点球投壶测量完成后，通过对讲机告知其他相关裁判员（国际技术官员）和成绩处理团队。

③ 裁判长或副裁判长负责告知相关队伍的教练员。如果没有教练员，则告知队长。成绩处理团队负责更正成绩和运动员。

二、激光测量的点球投壶成绩录入

在使用激光点球测量仪的赛事中，世界冰壶联合会的点球投壶成绩录入系统只显示小数点后 1 位，忽略第 2 位（如：11.10 会被记录为 11.1，但 11.19 也会被记录为 11.1）。

三、思考时间耗尽的比赛成绩录入

① 如果比赛中某支参赛队伍的思考时间耗尽，则用"／"标记本局比分。

② 总分标记为"W／L"。

四、比赛中运动员变更

① 接收到运动员变更的信息后，执场裁判员需要关注此事，并按照规则执行运动员变更的相关工作。

② 只有局间可以更换运动员。

③ 执场裁判员应注视运动员的变更过程。

④ 执场裁判员要确保运动员遵守冰壶刷的使用规定，提醒替换上场比赛的运动员必须使用离场运动员的刷板。

⑤ 如果参赛队伍没有遵守冰壶刷的使用规定，执场裁判员要通过对讲机告知裁判长。

❖ **特别说明：** 参赛队伍承担所有责任。执场裁判员的职责仅是帮助并提醒参赛队伍规则所规定的内容与要求。

第三节　冰壶刷随机抽检

冰壶刷随机抽检的规范与流程如下。

① 确定抽检冰壶刷的竞赛单元（轮次）。对于2个小项同时举办（男子项目和女子项目）的赛事，每个小项冰壶刷的抽检次数应该相同。裁判长或副裁判长确定每个小项冰壶刷抽检的2个竞赛单元（轮次）。例如：男子项目比赛和女子项目比赛各进行7个竞赛单元（轮次），因此要制作编号为1~7的纸牌，代表1~7个竞赛单元（轮次），每个小项随机抽取2张纸牌作为抽检的竞赛单元（轮次）。切记：每个项目都要从1~7张纸牌中进行抽取。

② 确定需要进行冰壶刷检查的冰壶道。在一组4张编号为1~4的纸牌（代表冰壶道A、B、C、D）中随机抽取1张纸牌，代表需要进行冰壶刷检查的冰壶道。

③ 比赛开始前，确定需要进行冰壶刷检查的垒次。对于四人项目而言，比赛开始前从一组4张编号为1~4的纸牌（代表一垒、二垒、三垒和四垒）中抽取1张纸牌，代表需要进行冰壶刷检查的垒次。鉴于是随机检查，抽取的冰壶道和垒次代表的均是比赛双方的运动员，他们的冰壶刷都要接受检查。不需要准备替补运动员的纸牌，因为替补运动员上场比赛必须使用离场运动员的冰壶刷。记录抽取垒次的纸牌号码，直到比赛开始才能与实际上场比赛运动员和冰壶刷颜色标识进行匹配。（原因：直到比赛开始，参赛队伍都可以更换出场阵容。此外，如果替补运动员上场比赛，运动员的垒次可能会发生变化。因此，如果抽出的是2号纸牌，比赛中投掷本队第3只和第4只冰壶的运动员的冰壶刷将要接受检查。）

④ 比赛结束后，检查冰壶刷。无须在比赛开始时检查冰壶刷。主要原因如下：首先，如果冰壶刷不符合规定，犯规队伍本场比赛将会被判负；其次，赛后检查可以避免打乱参赛队伍在比赛前所做的身体和心理准备。

第四节　会议议程与流程

一、赛前队会会议议程与流程

（一）基本要求与规定

对于世界冰壶联合会主办的冰壶赛事而言，裁判长应与世界冰壶联合会指派的技术代表一起准备参赛指南或队会文件（CG-TMD），由世界冰壶联合会竞赛部主任审阅，再由世界冰壶联合会办公室将其发送给参赛队伍或参赛队伍所属国家（地区）的相关组织机构。对于国家级冰壶赛事而言，通常情况是由裁判长准备赛前队会文件。

在竞赛开始前，组委会应安排一间能容纳所有参会人员的房间，配备必要的音响系统和足够的座椅，了解裁判长的特殊需求，尤其是会议通知的发布、资料的打印与分发和放映设备等。每支参赛队伍的1名运动员和1名官员必须参加赛前队会。如果队伍没有注册的队伍官员，则必须有2名运动员参加赛前队会。如果队伍没有参加赛前队会或不符合相关规定，且没有得到裁判长的批准，将导致本队失去首场比赛第一局的后手选择权。如果参赛队伍有一名注册翻译，可以作为队伍的第三人参加赛前队会。

（二）赛前队会流程和队会文件

① 确认参赛队伍。执场裁判员在运动员和教练员进入会场时，核对出席情况。承担此项任务的执场裁判员至少在会前30分钟到达会场。

② 介绍出席嘉宾，并致欢迎辞。

③ 介绍国际技术官员（裁判长、副裁判长、执场裁判员、统计长、计时长、首席制冰师及成绩处理团队或编排记录长等），并致欢迎辞。

④ 初始阵容表。成绩处理团队（编排记录长）为每支参赛队伍分发《初始阵容表》，以及其他可能需要分发的材料和必要的说明，例如，规则手册、冰壶信息表等。参赛队伍必须在《初始阵容表》上写明教练组成员。

⑤ 参赛阵容表。裁判长或副裁判长将会在赛前队会上提供冰壶教练员系统的使用说明和密码。

⑥ 阵容变更表。裁判长或副裁判长将会在赛前队会上提供冰壶教练员系统的使用说明和密码。

⑦ 参赛队伍健康信息表。

⑧ 兴奋剂检测。

⑨ 团队信息沟通。

⑩ 热身区礼仪。

⑪ 通行控制（入场通道）。

⑫ 规则。

⑬ 刷头和扫冰政策与规则。

⑭ 冰壶刷检查。

⑮ 赛制（竞赛体系）。

⑯ 场地适应性训练日程。

⑰ 竞赛日程。

⑱ 比赛局数。

⑲ 冰壶信息。

⑳ 冰壶颜色分配。

㉑ 比赛服装。

㉒ 比赛计时。

㉓ "固定壶"摆放（混双）。

㉔ 战术暂停。裁判长在赛前队会上需要说明队伍申请使用战术暂停时，教练员及翻译进入比赛场地的行走线路和行走时间。

㉕ 技术暂停。

㉖ 医疗暂停。

㉗ 运动员站位。

㉘ 点球投壶。

㉙ 赛前练习。

㉚ 赛前练习控制。

㉛ 全队投壶赛。

㉜ 队伍排名程序。

㉝ 晚场训练或预先分配的晚场训练。

㉞ 当日无比赛队伍的训练。

㉟ 循环赛后的训练。

㊱ 循环赛后的冰壶选择。

㊲ 循环赛后裁判长与晋级队伍的会议。

㊳ 比分确认。

㊴ 测量。

㊵ 不当行为。

㊶ 破坏冰面。

㊷ 前掷线违例。第一次前掷线违例警告在赛前队会上提出，比赛期间的前

掷线违例都将被判罚。

㊸ 赛后程序。

㊹ 教练员席。

㊺ 饮品。

㊻ 器材包和服装。

㊼ 整洁（场地卫生）。

㊽ 电子设备。

㊾ 吸烟规定。

㊿ 裁决。

(51) 错误或遗漏（补充说明）。

(52) 礼仪。

(53) 冰壶精神。

(54) 媒体（简要介绍采访和摄影程序）。

(55) 社交媒体。

(56) 解答疑问。

(57) 抽签落位（仅适用于国内冰壶比赛）。

二、循环赛结束后会议议程与流程

① 通知已经确定进入或可能进入复赛阶段的参赛队伍在最后一轮循环赛结束后参加循环赛结束后会议，并说明会议地点和时间（通常为最后一轮循环赛结束后 15 分钟）。

② 每支晋级队伍最多允许 2 人，即运动员和（或）教练员，参加循环赛结束后会议（包括复赛阶段会议）。

③ 循环赛结束后会议（包括复赛阶段会议）由裁判长或副裁判长主持。

④ 参赛队伍的任何决定均须在会议现场明确表明。

⑤ 不参加循环赛结束后会议（包括复赛阶段会议）或不做出决定的队伍将会失去可能拥有的选择权（如首局后手、冰壶颜色等）。但是，经裁判长批准，参赛队伍可以提前以书面形式提交复赛阶段比赛的相关选择，而不需要参加会议。

⑥ 如果参赛队伍不遵守上述规定，则比赛中的对手将会获得相应的选择权。如果对阵双方均未遵守上述规定，则由裁判长做出最终决定。

⑦ 会议开始后，不允许使用手机或其他任何形式的电子通信设备。

⑧ 会议结束后的 15 分钟内，各相关方不得在社交媒体上发布任何与会议内容有关的信息。

第五节　官方训练

一、场地适应性训练

场地适应性训练通常为比赛前 1 天，每支参赛队伍的训练时长通常为 1 小时（具体时长可有不同）。每组训练时长通常为 15 分钟（具体时长可有不同），每支参赛队伍在不同的冰壶道之间轮换，顺序为"A 道—B 道—C 道—D 道"。

二、赛前练习

世界冰壶联合会赛事比赛开始前，允许参赛双方队伍在即将进行比赛的冰壶道上进行赛前练习。

① 赛前练习通常在《竞赛日程表》上显示的开始时间前至少 30 分钟进行，《竞赛日程表》上排在前面的队伍首先进行 9 分钟赛前练习，然后投掷点球。之后，《竞赛日程表》上排在后面的队伍进行 9 分钟赛前练习，然后投掷点球。

② 循环赛阶段，参赛队伍赛前练习的先后次数应尽可能平均。如果赛前练习顺序无法预先确定（《竞赛日程表》中标有 * 的比赛场次），则通过抛硬币的方式决定先后练习的选择权（此环节应在赛前队会上进行）。

③ 复赛阶段，当第一局比赛的后手预先确定时，后手方先进行赛前练习；当第一局比赛的后手无法预选确定时，小组赛阶段全队投壶赛成绩值小的队伍拥有赛前练习先后顺序的选择权。

④ 后练习的队伍点球投壶结束后 5 分钟，本竞赛单元的所有运动员必须在比赛场地入口外排队等候进入比赛场地的指令。

⑤ 赛前练习结束后，如果首席制冰师认为有必要，可进行冰面清理和重新打点。

⑥ 如果参赛队伍因无法满足参赛运动员数量的规定（疾病或受伤）而被判负，只要符合冰上运动员的最低人数规定，其他运动员仍可以参加赛前练习和进行点球投壶。

三、无比赛队伍训练

对于当日没有比赛的队伍，可以在当日下午竞赛单元的比赛结束后 5 分钟，进行 30 分钟的训练。队伍可以使用指定冰壶道的任何一组冰壶。

四、晚场训练

（一）开始时间

通常为当日最后一场比赛结束后 5 分钟，制冰师完成冰壶道的清洁和打点后。

（二）训练时长

每条冰壶道上安排 6 个训练单元，每个训练单元为 10 分钟。

（三）队伍权限

① 晚场训练只为循环赛阶段《竞赛日程表》中第二天有比赛的参赛队伍提供。如果晚场训练计划已经预先制订，则按照计划执行。如果晚场训练计划没有预先制订，则为第二天有比赛的参赛队伍提供预约服务。

② 参赛队伍只可以在第二天的比赛道上进行训练。如果第二天只有一场比赛，则只可以进行一个单元的训练。

③ 参赛队伍要告知裁判长是否进行晚场训练，不参加晚场训练不会受到处罚。

④ 参赛队伍需要按照既定顺序参加晚场训练。如果迟到，且下一支队伍已经准备好，则下一支队伍可以提前进行晚场训练。

（四）人数规定

每支参赛队伍可有 7 人进入比赛场地，包括 5 名运动员，1 名教练员、1 名官员或翻译。

五、循环赛后的训练

具体事宜将在赛前队会或循环赛后会议和复赛阶段会议上公布，训练的主要目的是让进入复赛阶段的队伍选择复赛阶段使用的比赛用壶和备用壶。

第六节 点球投壶程序

点球投壶的程序如下。

① 当赛前练习还剩 1 分钟（即第 8 分钟）时，裁判员（宣告员）宣布"距练习结束还有 1 分钟"。

② 当赛前练习结束时，裁判员（宣告员）宣布"训练结束"。

③ 2 名运动员分别向开赛端的圆心点投掷一个冰壶，第一个为顺时针投壶，第二个为逆时针投壶。当冰壶道的冰面上没有运动冰壶时，裁判员（宣告员）宣布"顺时针投壶开始"。

④ 裁判员执行顺时针点球投壶测量程序，并录入（记录）测量值，然后将冰壶移出比赛区域。

④ 当冰壶道的冰面上没有运动冰壶时，裁判员（宣告员）宣布"逆时针投壶开始"。

⑥ 裁判员执行逆时针点球投壶测量程序，并录入（记录）测量值，然后将冰壶移出比赛区域。

⑦ 2 次点球投壶测量值的和为本场比赛的点球投壶成绩。裁判员假定点球投壶获胜的参赛队伍将会选择首局比赛的后手。如果参赛队伍在点球投壶中获胜但又不想选择首局比赛的后手，则必须在该队的赛前训练开始前告知裁判员。

⑧ 顺时针点球投壶和逆时针点球投壶的时间各为 1 分钟。正式宣布开始投壶之前投掷冰壶，或不在既定的 1 分钟时间内投掷冰壶，将记录为最大值（199.6 厘米）。

⑨ 投壶方的其他运动员和教练员要尽可能远离冰面站立，且不能给出任何指示。

⑩ 在赛前练习和点球投壶时，该队伍本场比赛的对手必须位于记分板的后方。如果不行，应位于冰壶道后方尽可能远的位置。

第七节 特殊情况处理程序

一、前掷线违例判罚程序

① 在赛前队会上，提出第一次前掷线违例警告。因此，比赛期间的前掷线

违例都将被处罚。

② 前掷线裁判员正确的判罚指令是：前掷线—B道—红壶。

③ 前掷线主管的无线电确认是：确认或拒绝—B道—红壶。

④ 执场裁判员应快速到达指定冰壶道，同时关注冰壶的位置，并告知犯规方的队长将投掷壶移出比赛区域。执场裁判员应监视投掷壶移出比赛区域和被移动冰壶复位的全过程。

⑤ 在高级别的冰壶赛事中，官方宣布前掷线违例判罚前可能需要进行证实。前掷线主管负有监管前掷线违例判罚，并对前掷线裁判员的判定进行证实的职责。然后，执场裁判员应监视投掷壶移出比赛区域和被移动冰壶复位的全过程。

⑥ 前掷线裁判员和观察裁判员须在《前掷线记录表》和《犯规记录表》上记录所有的前掷线违例。

⑦ 如果出现前掷线违例判罚争议，执场裁判员在与做出判罚的前掷线裁判员协商后，给出最终裁决。切记，电视或其他视频证据不予采纳。

二、电子壶盖测试与故障处理程序

（一）电子壶盖测试程序

① 裸手握住冰壶手柄，并将冰壶倾斜70°，激活电子设备，红灯闪烁。

② 放回冰壶，滑行带（壶刃）接触冰面，绿灯快速闪烁10秒，然后慢速闪烁2分钟。

③ 如果不再次触摸手柄，电子设备将会在慢闪停止后关闭。如果再次触摸手柄，指示灯将会立即关闭。

④ 在不接触手柄的情况下，以正常的投壶速度将冰壶推过前掷线磁条，绿灯持续亮5秒。

⑤ 如果在前掷线前松开手柄，绿灯闪烁，直到冰壶中心通过前掷线磁条中心。然后，绿灯持续亮5秒。

⑥ 如果冰壶中心通过前掷线磁条中心前没有松开手柄，红灯闪烁25秒。

⑦ 红灯和绿灯交替闪烁，表示电池电量不足。

（二）电子壶盖失效处理程序

① 红灯和绿灯快速交替闪烁表明壶盖没有被正确激活，运动员在投壶前需

要重新激活电子壶盖。

②红灯和绿灯慢速交替闪烁表明电池电量不足。投壶运动员应使用"X"形手势向裁判员申请技术暂停。运动员既可以选择更换壶盖,也可以继续使用此壶盖,裁判员此时应在前掷线处观察运动员的投壶出手情况。

③指示灯不亮,表明连接故障。投壶运动员应使用"X"形手势向裁判员申请技术暂停。运动员既可以选择更换壶盖,也可以继续使用此壶盖,裁判员此时应在前掷线处观察运动员的投壶出手情况。

④如果认为冰壶到达投壶端前掷线之前,红灯就已经开始闪烁,扫冰运动员应迅速将冰壶推到冰壶道边区,并到底线之后,再向裁判员使用"X"形手势申请技术暂停。裁判员会联系制冰师测试壶盖。如果制冰师认为壶盖功能正常,则投壶将被认定为前掷线违例。如果制冰师认为壶盖出现故障,则运动员可以重新投冰壶。重新投壶期间,暂停计时器。

⑤任何显示红灯的冰壶都必须在越过比赛端前掷线之前截停,否则将被视为前掷线违例。例外情况:如果点球投壶时,红灯亮,参赛队伍不应截停冰壶,而应让其继续滑行。测量之后再检查冰壶。如果壶盖功能正常,则投壶是前掷线违例,记录为最大值(199.6厘米)。如果是壶盖故障,则维持原测量。如果参赛队伍阻停了显示为前掷线违例的点球投壶,则不允许重新投壶。

三、破坏冰面处理与处罚程序

《冰壶运动规则与竞赛规则》中明确规定:运动员不得通过装备、手或身体致使冰面损坏。

①如果发生严重事故或比赛对手要求裁决,执场裁判员须通知计时长停止计时,并采取必要的措施。

②执场裁判员需要判断接触冰面的行为是"意外事件"还是"可以避免的行为"。

③如果确定是可以避免的行为(如投壶之后将手或膝盖较长时间地放在冰面上,或是指挥运动员指点时将一只手放在大本营的冰面上),则首席制冰师或制冰师判断是否对冰面造成了损坏。

④如果冰面没有损坏,则不采取任何措施。如果冰面损坏,则需要进行冰面修复。

⑤如果冰面损坏,处罚程序如下:

a. 第一次违规，进行第一次正式的场上警告，修复冰面。
b. 第二次违规，进行第二次正式的场上警告，修复冰面。
c. 第三次违规，修复冰面，并取消该运动员本场比赛资格，且不允许使用替补运动员。

⑥ 警告将被累计，且在两个竞赛部分单独累计。

第一部分：循环赛阶段（累计第三次取消该运动员本场比赛资格）

第二部分：复赛阶段（累计第三次取消该运动员本场比赛资格）

⑦ 如果一名运动员被取消本场比赛资格，该运动员可以参加本竞赛部分的下一场比赛。如果该运动员再次出现此种违规行为，将会立即取消本场比赛的参赛资格。

⑧ 如果首席制冰师提出冰面需要维护的提议，技术代表在征询首席制冰师和裁判长的意见之后做出最终决定。如果在比赛开始之后决定使用修冰车对冰面进行维护，本场比赛的所有冰上运动员均可以向 2 个大本营方向各投掷 1 个冰壶，双方交替投壶，且本局比赛的先手方优先投壶。

四、行为失当处理程序

队伍成员禁止出现不恰当的行为举止、粗俗或冒犯性的语言、滥用或故意损坏装备器材等行为。

轻微违规行为的处罚为正式警告，并通知队伍的管理人员。严重违规行为将给予当事人立即取消当前赛事或未来赛事参赛资格（停赛）的处罚。

五、退赛与申诉处理程序

（一）退赛

如果一支参赛队伍退出比赛，而又没有时间重新抽签变更对阵表。轮空的队伍可以在比赛开始时使用 2 种颜色的冰壶练习 30 分钟。

（二）申诉

根据世界冰壶联合会官方发布的《冰壶运动规则与竞赛规则》和《技术官员手册》，由裁判长决定所有抗议和上诉的处理结果。

六、意外受伤处理程序

(一) 流血

如果运动员意外受伤流血，裁判员必须立即停止比赛，要求运动员离开比赛区域，并召唤医务人员进行适当治疗。如果裁判员没有注意到意外受伤流血事件，运动员应向裁判员汇报，并申请医疗暂停。

1. 服装染血

① 如果出血量很少，并没有浸透运动员的衣服或出现滴血，运动员可以选择继续比赛，而无须更换比赛服装，但服装应进行防治血液溢出的处理。

② 如果血液已经浸透了运动员的衣服或正在滴血，而运动员选择继续比赛。运动员需要更换比赛服装，并用能承受冰壶运动强度的绷带包扎伤口。更换的比赛服装可以不同于队伍的比赛服装，但是，该名运动员必须在其他轮次比赛中穿着正确的队伍比赛服装。如果运动员没有在合理的时间内更换完服装，本场比赛将根据世界冰壶联合会颁布的《冰壶运动规则与竞赛规则》继续进行。

③ 如果运动员选择退出比赛，本场比赛将根据世界冰壶联合会颁布的《冰壶运动规则与竞赛规则》继续进行。

2. 器材染血

使用血液泄漏处理套装进行处理或更换，尽可能缩短比赛的延误时间。

3. 冰面染血

让其冻结，使用手工刮刀刮拭，或使用血液泄漏处理套装进行处理。

4. 冰壶染血

擦掉血迹，或使用可以快速蒸发且非油性的液体进行清洁（如丙醇）。

(二) 头部受伤

① 如果运动员头部受到了撞击，出现了脑震荡的迹象或症状，裁判员应立即通知教练员，并建议运动员接受适当的专业医疗检查。

② 如果运动员摔倒后不能自己站立，那么应在医务人员的协助和监督下，谨慎地将运动员从冰上移开。

第八节　冰壶保养与维护

如果冰壶的使用、存储或运输方法不当，则会对冰壶造成损坏。冰壶的保养与维护方法如下：

① 冰壶滑行带（壶刃）表面的任何损坏都会改变冰壶的性能和特性。滑行带是按照详细规格精致打磨而成的，必须保护好，要避免接触任何磨砂面，无论多么细腻。如果将冰壶放在路面或类似表面上，细小的粉尘颗粒会污染滑行带，进而改变单个冰壶的性能。

② 冰壶的滑行带要避免接触润滑脂、油类及任何其他黏性液体，否则液体会渗入花岗岩的分子结构中，进而影响冰壶性能。因此，要远离所有可能对冰壶造成侵蚀的污染物。

③ 避免相向运动的两个冰壶发生撞击，否则可能会导致冰壶的撞击带损坏，甚至冰壶碎裂。

④ 如果拆卸冰壶壶盖，一定要记住壶盖和冰壶之间的对应关系，以便重新组装时，壶盖和冰壶可以正确匹配。

⑤ 如果需要替换冰壶，最好替换一对冰壶，而不是一个冰壶。如有可能，可将它们放在推壶器中沿着冰壶道往返拖拽10次，以便更加快速地磨合。

⑥ 将冰壶编号，并确保记录的准确性。

⑦ 在运输过程中，将冰壶放在干净的硬纸板或柔软的垫子上，并要固定牢固，以对冰壶提供有效的保护。

⑧ 使用冰壶之前，要让冰壶有足够的预冷时间，至多72小时（通常为48小时），并要尽可能保持冰壶干燥。

⑨ 如果要长时间存储冰壶，拧松塑料壶盖，以防止热胀冷缩造成壶盖损坏。

⑩ 赛事期间对冰壶的任何维护都须获得赛事主办单位的批准。

⑪ 比赛开始后的冰壶维护必须由赛事的首席制冰师提出，然后由技术代表与裁判长协商后，做出最终的维护决定。

⑫ 循环赛比赛日程剩余时间2天以上才会对冰壶进行维护，以便确保进入复赛阶段有可以使用的冰壶。

⑬ 冰壶维护工作的目的是将冰壶恢复到赛事开始时的状态或性能，而不是明显改变运动员的竞赛条件。

⑭ 冰壶维护之后，将不会再有熟悉冰壶性能的额外训练。

⑮ 对冰壶进行的任何维护都须及时通知参赛队伍。

第九节　时间控制规则与程序

一、点球投壶

（一）时间控制

参赛队伍在进行赛前练习和点球投壶时，由一条冰壶道的计时裁判员控制时间和显示屏幕。具体工作程序如下：

① 裁判员（宣告员）发出"第一组练习开始"指令，启动9分钟赛前练习时间。

② 裁判员（宣告员）发出"顺时针投壶开始"指令，启动1分钟点球投壶时间。

③ 裁判员（宣告员）发出"逆时针投壶开始"指令，启动1分钟点球投壶时间。

④ 裁判员（宣告员）发出"第二组练习开始"指令，启动9分钟赛前练习时间。

⑤ 裁判员（宣告员）发出"顺时针投壶开始"指令，启动1分钟点球投壶时间。

⑥ 裁判员（宣告员）发出"逆时针投壶开始"指令，启动1分钟点球投壶时间。

点球投壶测量结束后，其他冰壶道的计时裁判员关闭各自冰壶道显示屏幕上的"WCF"标识。当裁判员（宣告员）发出"距比赛开始还有1分钟"的指令时，所有计时裁判员同时启动1分钟局间休息时间。

（二）其他规则

① 裁判员（宣告员）宣布指令时，执场裁判员需要确认没有运动员正在投掷点球投壶。

② 当正式宣布点球投壶开始时，计时长要确保同步启动了1分钟点球投壶的倒计时。

③ 计时长负责确认 60 秒倒计时结束前，投掷壶是否已经到达投壶端的 T 线。

④ 如果队伍投壶时间过晚，计时长通过无线电告知所有国际技术官员（相关裁判员），该队伍的点球投壶成绩记录为最大值 199.6 厘米。

二、思考时间不足

① 当思考时间不足时，计时长（副计时长）应密切关注思考时间不足的冰壶道的计时器操作。

② 当思考时间剩余 2 分钟时，计时长（副计时长）通过无线电向裁判长进行如下通报"A 赛道—红壶—2 分钟"。

③ 当思考时间剩余 0 分钟时，计时长（副计时长）通过无线电向裁判长进行如下通报"A 赛道—红壶—超时"或"A 赛道—红壶—投壶有效"。

④ 如果思考时间耗尽，计时长（副计时长）需要在本竞赛单元所有比赛结束之后，到达裁判长所在位置回答任何可能提出的问题。

⑤ 上述程序的目的是：明确计时长（副计时长）对思考时间是否耗尽做出最终裁定，此决策程序对于所有相关人员来说既清晰又简单。

三、暂停

（一）战术暂停

① 参赛队伍的冰上运动员面向计时长或执场裁判员使用"T"形手势申请战术暂停。执场裁判员和计时长对战术暂停申请进行确认。

② 当参赛队伍申请战术暂停时，应快速启动暂停计时，包括教练员到达队伍面前的"行走时间"加上 60 秒的暂停时间。行走时间的长度由裁判长确定（行走时间应该输入计时系统，并保存），适用于所有参赛队伍，无论参赛队伍是否配有教练员，以及教练员是否进入比赛场地。

③ 在特殊情况下（如教练员为了不影响其他比赛而停下来），执场裁判员或计时长将酌情暂停行走时间。

④ 在特殊情况下（如教练员跑步行进或跳过板墙），执场裁判员或计时长将酌情取消行走时间。

⑤ 如有步行通道，教练员必须站在步行通道上，既可以是冰壶道侧方，也

可以是冰壶道后方。执场裁判员须确保不会遮挡其他参赛队伍教练员的视线。

⑥ 如无步行通道，教练员只能站在冰壶道后方。赛前队会上裁判长会对教练员的行进路线进行说明。

⑦ 当战术暂停时间还剩 10 秒时，执场裁判员将通知申请战术暂停的队伍和教练员剩余时间。

⑧ 当战术暂停时间结束时，执场裁判员要确保教练员已经结束与队伍的交流，并迅速离开比赛场地。

⑨ 如果战术暂停结束后比赛仍未开始，计时裁判员应启动申请战术暂停队伍的计时器。

⑩ 在《比赛时间记录表》和《冰上官员计分卡》上记录战术暂停的相关信息。

❖ **特别说明**：只有想申请战术暂停队伍的思考时间正在运行时，才可以申请并使用战术暂停。如果参赛队伍剩余的思考时间很少，很可能会在计时员计划启动计时器之前申请战术暂停。如果计时员立即按 T 键或点击"暂停"按钮，并不会启动暂停时间，除非首先启动本队的计时器，然后再立即激活暂停。

（二）技术暂停

① 如果参赛队伍想要申请使用技术暂停，参赛队伍的冰上运动员须面向计时长或执场裁判员使用"X"形手势申请。执场裁判员或计时长将会暂停队伍的计时器。

② 如果执场裁判员认为申请理由合理、有效（如自由防守区测量），则认定为技术暂停。此时，计时裁判员应根据执场裁判员的指令重新开启比赛时间。

③ 如果执场裁判员认为理由不合理、无效（如是为了让运动员回更衣室拿遗忘的装备等），则计时裁判员应立即重新开启比赛时间。

④ 技术暂停是否有效的最终判定必须通知到该队伍的教练员和运动员。

⑤ 如果参赛队伍出于个人设备原因（如冰壶刷、冰壶鞋或服装等）需要申请技术暂停，此种技术暂停不能超过 5 分钟。5 分钟之后，比赛必须重新开始。如果参赛队伍在 5 分钟后不能继续比赛，本场比赛将被判负。

⑥ 如果技术暂停是由外力（如电源故障、冰壶等）引起的，裁判长决定技术暂停的时间。从中断处恢复比赛后，如果需要将冰壶移出冰面以便进行冰面维护（须经首席制冰师、裁判长和技术代表同意），则该局比赛重赛。思考时间修

正到上一局比赛结束时的时间。

(三) 医疗暂停

如果参赛队伍需要申请医疗暂停，裁判长将在 5 分钟后与医务人员和当事队伍进行磋商。然后，裁判长将决定医疗暂停的时间，最长时间为 10 分钟（总共 15 分钟）。之后，裁判长将与制冰团队协商，并通知比赛双方队伍，以便他们能为重新开始的比赛做好准备。

如果当事队伍在 15 分钟后仍不能重新开始比赛（如没有足够的运动员或没有替补运动员等），本场比赛将被判负。

四、开赛和局间

① 当裁判员（宣告员）发出"距比赛开始还有 1 分钟"的指令时，计时裁判员启动 1 分钟局间休息时间（1 分钟倒计时）。

② 休息时间长度通常为：

a. 局间休息为 1 分钟（混双项目为 90 秒），但第②项所述情况除外；

b. 中场休息为 5 分钟。

③ 除最后一局比赛外，大本营内的冰壶一旦被移动，立即启动休息时间。如果需要测量，测量完成时立即启动休息时间。

④ 休息时间结束且 10 秒钟计划投壶时间开启，本局比赛的先手方才可以投掷冰壶。如有必要，执场裁判员将会阻止提前投壶的行为。一场比赛或一局比赛开始时，不需要启动先手方的思考时间。除非参赛队伍延迟开赛时间（没有从踏板向前的动作，或冰壶没有从投壶杆投出），才需要启动先手方的思考时间。如没有延迟，则首次启动的时间应是后手方的思考时间。

⑤ 如果出于电视转播或媒体工作需要，休息时间的时长可以进行调整。裁判长可以从媒体协调官处获得此类信息，需立即通知参赛队伍，通常会在赛前队会上进行通知。当电视转播一场比赛或多场比赛且对休息时间的时长进行了调整时，调整后的休息时间适用于所有比赛。

⑥ 中场休息时间还剩余 1 分钟时，通知双方参赛队伍。执场裁判员只会通知在比赛场地的队伍，而不会去四处寻找队伍。如果制冰团队没有完成制冰工作而导致无法开始比赛，计时长应等待执场裁判员启动比赛时间的指令。

五、时间修正

① 如果出现计时器故障或操作失误，应记录回调的时间，且要在下一次局间休息时对计时器进行必要的修正。如果故障发生在最后一局或加局，计时长需要申请技术暂停，并立即对计时器进行必要的修正。如需修正，队伍的思考时间只可增加，不可减少。

② 时间修正的程序与方法如下：
a. 在《比赛时间记录表》上记录时间修正前计时器显示的时间；
b. 采用商定的修正时间，将调整后的时间记录在调整前的时间旁边；
c. 将计时器设置为商定的修正时间。

③ 裁判长会告知教练员对计时器所进行的修正，并在适当的时候告知参赛队伍所发生的情况和采取的措施。

④ 如果反复出现计时器故障或操作失误，可能需要关闭当事冰壶道的计时器，并告知双方参赛队伍的教练员和队长。

⑤ 如果需要重新投壶，则由执场裁判员决定是否启用思考时间，并通知计时长。

⑥ 如果一局比赛需要重赛，计时器将会重置到《比赛时间记录表》上记录的上一局比赛结束时的时间。

⑦ 如果参赛队伍未按照规定的时间开始比赛，每认定为已经完成一局比赛，双方参赛队伍的思考时间均将被扣除 3 分 45 秒（混双为 2 分 45 秒）。

⑧ 如果需要加局，重新设置计时器，每个加局双方参赛队伍均获得 4 分 30 秒的思考时间（混双为 3 分钟）。

六、比赛延误

① 裁判长在比赛开始时开启秒表，即 1 分钟倒计时结束或没有使用计时系统而官方宣布比赛开始时。

② 时间运行 14 分 59 秒（混双为 9 分 59 秒）时，认定第一局比赛已经完成。非违规队伍获得 1 分，并在第二局比赛中拥有后手权，同时更新记分板。

③ 时间运行 29 分 59 秒（混双为 19 分 59 秒）时，认定第二局比赛已经完成。非违规队伍再获得 1 分，并在第三局比赛中拥有后手权，同时更新记分板。

④ 时间运行 30 分钟（混双为 20 分钟）时，比赛结束。违规队伍本场比赛判负，最终比分记录为 W-L，同时更新计分板。

⑤ 计时：每认定完成一局比赛，双方参赛队伍的思考时间均被扣除 3 分 45 秒（混双冰壶为 2 分 45 秒）。

⑥ 如果双方参赛队伍均迟到，只认定完成的比赛局数。通过点球投壶或者抛硬币来确定实际第一局比赛的后手，总比分仍为 0：0。

⑦ 如果双方参赛队伍均迟到 30 分钟（混双为 20 分钟），则判定双方弃赛。如果需要确定晋级队伍（淘汰赛阶段），则根据全队投壶赛成绩进行判定。如果本次竞赛没有全队投壶赛成绩，则将通过抛硬币的方式进行判定。

⑧ 点球投壶：无论何种原因，如果一条或多条冰壶道无法进行点球投壶，延误 60 秒后，此时可以进行点球投壶的冰壶道按照规定程序进行点球投壶。如表 6-1 所示。

表 6-1 延迟开赛规则说明

开赛时间	A 队延迟	B 队延迟	双方队伍延迟
按照预定时间准备开始比赛	是	是	通过点球或抛硬币（如需要）的方式确定首局比赛的后手，比分记录为 0：0
延迟开赛 0:00—0:59	没有判罚，通过点球或抛硬币（如需要）的方式确定首局比赛的后手，比分记录为 0：0	没有判罚，通过点球或抛硬币（如需要）的方式确定首局比赛的后手，比分记录为 0：0	没有判罚，通过点球或抛硬币（如需要）的方式确定首局比赛的后手，比分记录为 0：0
延迟开赛 1:00—14:59（1:00—09:59 混双）	认定已完成一局比赛，B 队拥有下一局比赛的先后手选择权，比分记录为 0：1	认定已完成一局比赛，A 队拥有下一局比赛的先后手选择权，比分记录为 1：0	通过点球或抛硬币（如需要）的方式确定实际首局比赛的后手，比分记录为 0：0
延迟开赛 15:00—29:59（10:00—19:59 混双）	认定已完成两局比赛，B 队拥有下一局比赛的先后手选择权，比分记录为 0：2	认定已完成两局比赛，A 队拥有下一局比赛的先后手选择权，比分记录为 2：0	通过点球或抛硬币（如需要）的方式确定实际首局比赛的后手，比分记录为 0：0

续表

开赛时间	A 队延迟	B 队延迟	双方队伍延迟
延迟开赛 30:00 （20:00 混双）	本场比赛判负，B 队伍获胜，最终比分记为 L-W	本场比赛判负，A 队获胜，最终比分为 W-L	认定比赛结束，两队均输掉比赛。如果一支队伍"必须"在本轮晋级，则根据全队投壶赛成绩判定，如果没有全队投壶赛成绩，将通过抛硬币的方式决定

如果一支队伍迟到 1:00—14:59（混双为 1:00—09:59），另一支队伍迟到 15:00—29:59（混双为 10:00—19:59），则认定已完成两局比赛，迟到 1:00—14:59（混双为 1:00—09:59）的队伍拥有实际首局比赛的后手选择权，且获得 1 分

七、特殊情况

（一）通则

1. 前掷线冰壶

即冰壶没有完全越过比赛端前掷线。直到前掷线冰壶移至底线后，才启动对方的计时器。

2. 自由防守区违例

即在自由防守区规则生效期内，参赛队伍将对方停在自由防守区的冰壶移出比赛区域。直到违例冰壶移至底线后，且由此导致的无效壶放回犯规发生前的位置，才启动对方的计时器。

3. 颜色错误

即参赛队伍投掷了错误颜色的冰壶。直到使用正确颜色的冰壶完成替换后，才启动对方的计时器。

4. 前掷线违例

即在运动员投壶过程中，冰壶到达前掷线之前没有完成投壶出手动作。直到违例冰壶移至底线后，且其他被移动的冰壶放回犯规发生前的初始位置，才启动

对方的计时器。

5. 触碰冰壶

当参赛队伍意外触碰冰壶时，直到所有冰壶放回非犯规方满意的位置时，才启动投壶方的计时器。

6. 投壶过早

如果参赛队伍在本队的计时器还没有运行时就投掷冰壶，则需要重新投壶。直到被移动的冰壶放回原来的位置，才启动本队的计时器，进行重新投壶。

7. 重新投壶

在某些情况下（通常是技术性的），运动员可以重新投掷冰壶。执场裁判员将决定是否使用思考时间或投壶时不运行计时器。

8. 一局重赛

裁判员可以裁定一局比赛是否需要重赛。例如，一个或多个冰壶因外力而移动或翻倒，比赛双方又不能对摆放位置达成一致时。获悉此事后，计时长应开启局间休息，并将计时器设置为上一局比赛结束的时间。调整完成后，需向执场裁判员确认。

9. 中场休息后延迟

中场休息期间因制冰团队自身原因或需要完成额外工作而导致开赛时间延迟，执场裁判员将会通知相应冰壶道计时器的开启时间。

(二) 混双

1. 一局比赛开始前没有完成"固定壶"摆放

① 如果是运动员摆放"固定壶"，而在休息时间结束前没有完成"固定壶"摆放：
a. 如果任何一支参赛队伍导致延迟开赛，则开启导致延迟队伍的计时器。
b. 如果双方参赛队伍导致延迟开赛，则开启本局先手方的计时器。
② 如果是裁判员摆放"固定壶"，而在休息时间结束前没有完成"固定壶"摆放，则按照技术暂停处理，不启动计时器。
③ 如果"固定壶"已经摆放好，而应投壶队伍没有投壶，则开启投壶方的计时器。

2. 没有队长或副队长

对于混双冰壶比赛而言，不要求有运动员站在比赛端前掷线以内的冰面上掌管大本营，按照基本计时原则操作计时器。

第十节 测量的规则与程序

一、测量前的准备工作与基本要求

执场裁判员通常是执行测量工作的裁判员，测量前要确保测量用具干净、性能良好，存放条件符合要求，测量时要保持冷静，且不可以戴手套。上冰之前要清理鞋底，上冰后要转动鞋底，进行鞋底预冷程序，告知裁判长运动员要求测量并保持无线电联络畅通。

只要不试图干扰或影响执场裁判员的测量工作，每支参赛队伍可以有1名运动员观察裁判员的测量过程。

二、测量用具的分类与功能

（一）测量杆

用于测量静止冰壶与大本营的关系，主要适用于以下三种情况。
① 测量静止冰壶是否位于自由防守区内。
② 测量冰壶是否是得分壶。
③ 测量冰壶是否是有效壶，此时冰壶位于大本营后方中线上。

（二）千分测量尺

用于测量大本营内2个及以上静止冰壶到圆心点的距离，以此确定一局比赛的分数。

（三）点球测量尺

点球投壶时，用于测量静止冰壶到圆心点的距离，以此来决定第一局比赛的后手选择权和计算全队投壶赛成绩。

（四）直角测量块

用于测量冰壶与冰壶道上各条相关直线（前掷线、底线或边线）的关系，主要适用于以下两种情况。

① 确定静止冰壶是否位于自由防守区内。

② 确定静止冰壶是否是有效壶。

(五) 视觉

无法使用测量工具进行测量时，使用视觉测量，主要适用于以下两种情况。

① 其他冰壶的静止位置导致无法使用测量工具进行测量。

② 非点球投壶时，圆心点的中心孔被静止冰壶遮挡，导致无法使用测量工具进行测量。

三、点球投壶测量

参赛队伍赛前练习结束后，选派2名运动员进行点球投壶，第一名运动员采用顺时针投壶，第二名运动员采用逆时针投壶。

如果循环赛阶段使用多个点球测量尺，每条冰壶道所使用的点球测量尺要固定不变，也就是说，A道的点球测量尺只能用于测量A道的点球投壶，以避免由测量仪器自身的误差所产生的测量差异。

裁判员2人一组，进行分组测量。在使用4条冰壶道的比赛中，A道和B道的裁判员共同完成这两条冰壶道的点球投壶测量工作，C道和D道的裁判员共同完成这两条冰壶道的点球投壶测量工作。测量结果将被明显标记为"A—B"，"C—D"。

如图6-1所示，所有的点球测量尺均设定为公制单位，箭头方向朝向冰壶进行测量。裁判员要确保测量结果精确到0.1厘米，且在每次测量前都确保点球测量尺被重新设定为0刻度。

图6-1 点球投壶测量

测量时，点球测量尺要匀速拉出，测量尺应接触到冰壶并与冰壶撞击带齐平。如果冰壶遮挡住了圆心点的中心孔，则需要进行直角测量（两点测量）（图6-2）。

数字表盘读数固定，即测量结果已经产生，两名裁判员应当共同查看和证实读数。一名裁判员将测量结果直接录入App"Curl Distance"中，该程序将自行计算出最终结果。如果点球投壶不在大本营内，直接记录为199.6厘米。

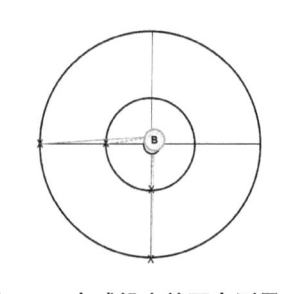

图6-2　点球投壶的两点测量

四、自由防守区冰壶测量

自由防守区冰壶测量（图6-3）用于自由防守区规则有效期内确定静止冰壶是否位于自由防守区。裁判员和运动员如果要确定静止冰壶是否接触到大本营前端最外沿，则需要使用测量杆；如果要测量静止冰壶与前掷线或T线的关系，则需要使用直角测量块。

在进行测量时，裁判员双手持握测量杆从6点钟方向（冰壶道底端）进入冰面，先将滑动端放置在冰面上，再将固定端放在圆心点的中心孔内，顺时针移动测量杆。如果大本营内其他静止冰壶阻碍测量工具的使用，则采用视觉测量。视觉测量的结果即最终结果。裁判员在实施测量时禁止移动冰壶，测量结束后，使用手势信号指明冰壶是否位于自由防守区。

图6-3　自由防守区冰壶测量

五、有效壶测量

有效壶是指完全越过前掷线，或者因为碰撞到前掷线内的冰壶而没有越过前掷线，而且没有接触到边线（侧挡板），也没有完全越过底线的静止冰壶。测量有效壶的工具是直角测量块（图6-4）。

裁判员将直角测量块放置在需要进行测量的基准线（前掷线、底线、边线）上，轻轻移动直角测量块，观察测量的基准线是否位于静止冰壶与直角测量块之间。如果冰壶恰好在大本营后方的中线上，并且此区域中线上没有其他静止冰壶时，也可以使用测量杆进行测量。测量程序与自由防守区冰壶测量程序相同。

图6-4　有效壶测量

六、大本营得分壶测量

① 裁判员双手持握千分测量尺且固定端位于右手侧（确保测量沿着顺时针方向进行，这是测量的首选方向），从6点钟方向进入冰壶道。如果裁判员是从室温区域进入冰面，则必须先进行鞋底预冷。

② 比赛双方队伍首先要清除大本营内不需要测量的冰壶，再将千分测量尺的滑动端放在冰面上，然后将固定端放在圆心点的中心孔内（图6-5）。裁判员在实施测量时既可以按照顺时针方向（首选）旋转千分测量尺进行测量，也可以按照逆时针方向旋转千分测量尺进行测量，但是测量过程中旋转方向要保持不变。

③ 双方队伍各一名运动员站立于裁判员后方观察测量，其他运动员均应站在大本营外。

④ 将测量工具缓慢地顺时针转动，滑过第一个冰壶。在这一过程中，仔细观察表盘指针变化和最终指向的最大数值，并大声读出最大近似值。然后，一只手推动测量工具，滑过第二个冰壶，观察并读出第二个冰壶的最大近似值。

⑤ 裁判员通过测量确定距离圆心点较近的冰壶，指向胜出的冰壶，并清晰

表述，同时与双方队伍确认测量结果，然后将非得分壶向圆心点的反方向移动。如果冰壶位于大本营的两侧，则根据测量结果决定是向内移动冰壶，还是向外移动冰壶。

⑥ 队伍有权要求执场裁判员进行第二次测量，测量程序与步骤同上。

⑦ 如果队伍要求进行第三次测量，告知队伍这将是最终测量，并由裁判长按照上述程序与步骤执行测量。

⑧ 测量结果确定之后，裁判员首先要从冰面上抬起千分测量尺的固定端，然后再将千分测量尺放置到指定储藏区域。

⑨ 假如需要测量的冰壶贴近圆心，无法使用测量工具进行测量，则只能使用视觉测量。假如裁判员不能做出决定或者是参赛队伍有其他不同意见，则由裁判长进行最终裁决。

⑩ 一局比赛结束后，如果需要判定冰壶是否进入大本营，则使用测量杆。假如通过参照其他冰壶能够判定此冰壶不可能是得分壶，则不需要进行测量。

⑪ 对于三个冰壶的测量，首先要从奇数颜色的冰壶启动测量程序。

⑫ 根据测量结果，确认双方队伍本局比赛的分数。

图 6-5　得分壶测量

七、其他情况的测量

（一）四壶测量

选择一对相同颜色的冰壶，选择其中距离圆心点较远的冰壶与其他两个冰壶进行比较。如有必要，可以优先对所选的一对冰壶进行测量，以确定距离圆心点较远的冰壶。

使用距离圆心点较远的冰壶与其他两个冰壶逐一比较，至少可以排除掉一个冰壶（所选定的冰壶，或其他两个冰壶中的一个或两个）。此时，测量工作简化为三个冰壶的测量或两个冰壶的测量。

示例1：

两个红壶分别称为R1和R2，两个黄壶分别称为Y1和Y2。确定R2是距离圆心点较远的红壶。然后，R2与Y1和Y2进行测量对比。如果R2胜出，则红壶增加2分。如果R2优于Y2，但逊于Y1，然后Y1与R1进行测量对比。如果R2同时逊于Y1和Y2，然后R1与Y1和Y2进行测量对比。

（二）五壶测量

比较相同颜色的两个冰壶，确定距离圆心点较远的冰壶，以此冰壶为基准。此冰壶与另一种颜色的三个冰壶相比。获胜冰壶保持不动，以便与"两个相同颜色冰壶测量对比后胜出的冰壶"进行进一步测量对比，并将其他冰壶移出。如果另一种颜色的三个冰壶均离圆心点更远，则两个相同颜色的冰壶记为2分。如果三个相同颜色的冰壶中有胜出的冰壶，则将基准冰壶移出后，再与剩下的另一种颜色的冰壶进行测量对比。

示例2：

两个红壶分别称为R1和R2，三个黄壶分别称为Y1、Y2和Y3。测量后，确定R2比R1距离圆心点更远，所以R2是基准壶。R2与Y1进行对比（Y1较差，所以移出），然后R2与Y2进行对比（Y2较好，所以保持不动）；再然后R2与Y3进行对比（Y3较差，所以移出）；R2比Y2更差，所以也移出；最后，R1与Y2按照常规的测量程序与步骤进行测量。

第十一节　复赛阶段的冰壶选择

在世界冰壶联合会主办的冰壶赛事中，晋级到复赛阶段的参赛队伍通常有机会为复赛阶段的比赛选择比赛用壶，而且还可以选择2个冰壶作为备用壶（混双比赛除外）。在极少的情况下，参赛队伍会选择在比赛进行中更换冰壶。如果参赛队伍想要使用备用壶替换比赛用壶，这将是本队在本场比赛中的最终决定，无法再更改。

复赛阶段的冰壶选择流程与规定如下：

① 不可更换冰壶手柄。

② 如果比赛用壶来自不同冰壶道，冰壶手柄的颜色必须相同。

③ 参赛队伍可以从裁判长指定的冰壶道上选择 10 个相同颜色的冰壶。赛前练习结束前，参赛队伍必须确定 8 个比赛用壶和 2 个备用壶（混双除外）。

④ 备用壶需要放在相邻冰壶道，仅有比赛用壶损坏且不适合比赛时才可以使用备用壶。参赛队伍可以选择更换 1 个或 2 个冰壶。

⑤ 对于混双项目而言，参赛队伍必须从裁判长指定的冰壶道上选择 8 个相同颜色的冰壶。赛前练习结束前，参赛队伍必须确定 5 个比赛壶、1 个备用壶和 2 个固定壶。

⑥ 参赛队伍应在第一组赛前练习开始前 15 分钟以书面形式（复赛阶段选壶表）告知裁判长他们希望在赛前练习时使用的冰壶。

⑦ 参赛队伍在每场复赛阶段的比赛前都可以进行冰壶选择。

第十二节　特定区域和仪式

一、比赛场地

在下列情况下，运动员、教练员或队伍官员可以进入比赛场地。

① 比赛场地内有裁判员。

② 训练单元：训练日（场地适应性训练）、赛前练习、晚场训练及复赛阶段训练。运动员及最多 2 名有通行权限的队伍成员可以进入比赛场地。

③ 战术暂停：限制 1 人，可增加 1 名翻译，均应来自教练员席。

④ 运动员受伤：医务人员和教练员，可增加 1 名翻译。

⑤ 裁判长批准的仪式和其他特殊活动。

⑥ 所有人员（运动员、教练员、队伍官员、翻译）进入比赛区域必须穿着符合规定的服装。按照世界冰壶联合会规则和政策，运动员在比赛和训练期间必须身穿统一服装，以及没有在室外穿过的鞋子。教练员和其他队伍官员既可以身穿队服，也可以穿着协会制服。牛仔裤视为不合适的服装。

⑦ 运动员、教练员及队伍官员必须注册有进入比赛场地的通行权限。如果运动员在比赛期间离开比赛场地，应有通过安检口的权限。

⑧ 裁判长在队会上需要说明战术暂停时进入比赛场地的专用通道。如可能，入口应设在开赛端，以免影响比赛场地内正在进行的其他比赛或媒体活动。

⑨ 只有获得通行权限（例如，袖标等）的媒体才可以进入比赛场地，并要接受媒体协调官和裁判员的监管，以免干扰正在进行的比赛。

⑩ 首席制冰师负责制冰团队进入比赛场地的通行控制。他们应注意到正在进行的比赛，如可能，制冰团队要在记分板后方行走。

⑪ 裁判长驱逐出比赛的任何队伍成员，在停赛期间禁止进入比赛场地。

⑫ 比赛结束时，教练员和替补运动员禁止进入比赛区域，可以在板墙外等待运动员，以免打扰正在进行的其他比赛。

二、教练员席

① 赛前队会中会下发《初始阵容表》，参赛队伍必须在表格上写明教练组成员。

② 在世界冰壶锦标赛中，教练员席只允许替补运动员和最多 2 名队伍官员就座，其中 1 人可为翻译。对于混双和混合四人项目而言，只有教练员和 1 名队伍官员/翻译（如需要）就座。

③ 只有本队比赛时，相应人员才可以进入教练员席。

④ 只有《初始阵容表》中的人员出示正确的注册卡，才可以进入教练员席，并应始终佩戴注册卡。

⑤ 如果教练员席上的人员不是《初始阵容表》中的人员，应让其立即离开。任何被裁判员驱逐出比赛的队伍成员，在停赛期间禁止进入教练员席。

⑥ 教练员席上的人员必须遵守着装规范，否则禁止进入。这就意味着须穿着符合要求的鞋子及队服或协会服装，但不可以穿蓝色牛仔裤。队服外可以套穿保暖上衣，但是进入比赛场地时必须脱下。

⑦ 教练员席上的人员应尽可能保持坐姿，除非离开教练员席或是前往比赛场地。

⑧ 当队伍申请使用战术暂停时，教练员席上要进入比赛场地的人员，在队伍申请战术暂停时必须坐在教练员席。

⑨ 教练员席上的人员与冰上的运动员之间不允许进行口头、视觉、书面、电子或其他交流。教练员席的人员不得与非教练员席的人员进行任何形式的交流。违反此项规定的人员将被裁判长或副裁判长驱逐出教练员席。

⑩ 教练员席上禁止展示队伍的吉祥物或旗帜，需要始终保持教练员席的干净整洁（比赛结束时清理垃圾），也不允许欢呼和叫喊。

⑪ 禁止在比赛场地和教练员席饮酒。

⑫ 教练员坐在教练员席上且位于冰面上本队冰壶的同侧（面向比赛区域）。

⑬ 坐在教练员席上的 2 名官员可以在每场比赛之间进行变更。如果队伍在比赛期间变更教练员席上的官员（因疾病等），裁判长或副裁判长将审核原因，并做出最终的裁决。

⑭ 如果队伍需要注册的翻译提供帮助，只要穿着合适，且是本场比赛教练员席上的队伍官员，便可进入比赛场地和教练员席。

⑮ 教练员席上的教练员和其他队伍成员不可以观看或收听比赛直播。如有违规，违规者将被驱逐出本场比赛的教练员席。

三、赛前队伍介绍

① 参赛队伍站立于本队冰壶的后方。

② 本场比赛中投掷红色手柄冰壶队伍的一垒站在最左侧（从一垒到指挥），投掷黄色手柄冰壶队伍的指挥站在最右侧（从一垒到指挥）。不论指挥是哪个垒次，都站在队伍的最右侧，并在最后介绍。

四、开幕式

① 如果有开幕式，所有参赛队伍必须参加开幕式。

② 运动员列队入场，每支参赛队伍最多只能有 1 名教练员参加开幕式。

③ 参赛队伍应穿比赛队服和冰壶鞋。

五、闭幕式（颁奖仪式）

① 仅有获得奖牌的队伍列队参加闭幕式（包含颁奖仪式）。

② 除冬奥会冰壶比赛以外，所有获得奖牌的运动员和每队最多 1 名教练员参加闭幕式（包含颁奖仪式）。

③ 队伍应穿比赛队服和冰壶鞋。

第十三节　计时系统与统计系统

一、计时系统

世界冰壶联合会赛事指定计时软件是"CurlTime",目前的最新版本是CurlTime2015。计时裁判员的工作就是根据世界冰壶联合会制定的《冰壶运动规则和竞赛规则》,熟练操作计时软件,记录冰壶比赛中的各种时间,包括比赛时间、战术暂停、技术暂停和休息时间等,并根据特定情况进行时间的微调。

比赛开始前,根据裁判长和计时长的要求,计时裁判员需要对计时系统进行设置。计时裁判员需要进行设置的项目有赛前练习时间、比赛长度(局数)、局间休息时间、中场休息时间、思考时间、暂停时间、教练员行走时间、加局时间、冰壶道、参赛队伍名称、冰壶颜色与分配等。

注：CurlTime2015系统下载地址：https：//www.curltime.com/downloads。

二、统计系统

世界冰壶联合会主办赛事指定的统计软件是"Curlit Coach Tool",版权归属于瑞士的CURLIT Curling Information Technology Ltd。最新版本是Curlit Coach Tool 6.3,几乎可以对冰壶运动的各个方面进行统计分析,并能对运动员的强项和弱项,以及比赛策略和比赛过程得出有价值的结论。

Curlit Coach Tool 6.3界面操作说明如下。

(一) 主界面 (图6-6)

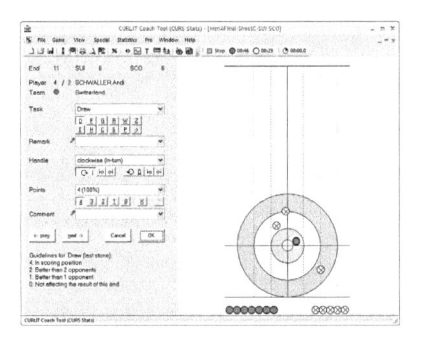

图6-6　统计软件界面

(二) 投壶类型选项（图6-7）

Draw（快捷键：D）：投掷壶停在大本营内，但不触碰任何其他冰壶。

Front（快捷键：F）：投掷壶停在大本营前方的中区或者边区，但不对任何其他冰壶提供保护。

Guard（快捷键：G）：投掷壶停在大本营前方，并对另一个冰壶提供保护。

Raise（Tap back）（快捷键：R）：将目标壶向前推进，目标壶既可以在大本营内，也可以在大本营前方；既可以是本队冰壶，也可以是对手冰壶。

Wick/Softpeeling（快捷键：W）：投掷壶和目标壶均停在预期位置，或者均是计分壶；Softpeeling特指将自由防守区的冰壶移动到边区或是大本营后方。

Freeze（快捷键：Z）：投掷壶尽可能地靠近目标壶。

Takeout（快捷键：T）：投掷壶留在比赛之中，而目标壶被击打出比赛区域。

Hit and Roll（快捷键：H）：投掷壶停在预期位置，而目标壶被击打出比赛区域。

Clearing（快捷键：C）：投掷壶和目标壶均移出比赛区域。

Double Takeout（快捷键：S）：将2个或多个冰壶移出比赛区域。

Promotion Takeout（快捷键：P）：通过击打本队冰壶，将对手冰壶击打出比赛区域，而且本队的目标壶停在占位冰壶（通常是投掷壶）的后方。

Through（快捷键：—）：投壶目的是将冰壶投出大本营或是停在比赛端前掷线的前方。

Not played：如果比赛在局中结束，需要为后续投壶输入"Not played"。

No statistics：如果有需要或有必要忽略某次投壶，请输入"No statistics"。

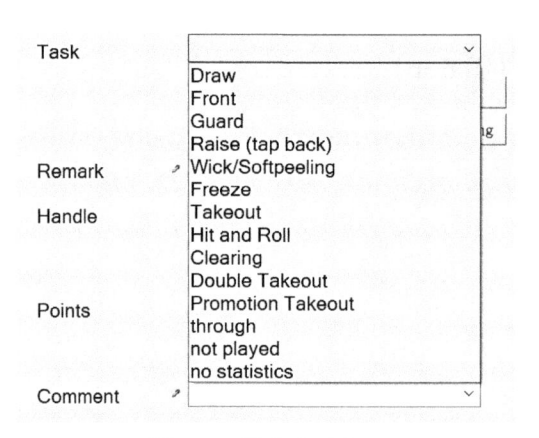

图6-7 投壶类型选项

（三）旋转类型选项（图6-8）

Clockwise（In-turn）（快捷键：I）：顺时针旋转。

Counter Clockwise（Out-turn）（快捷键：O）：逆时针旋转。

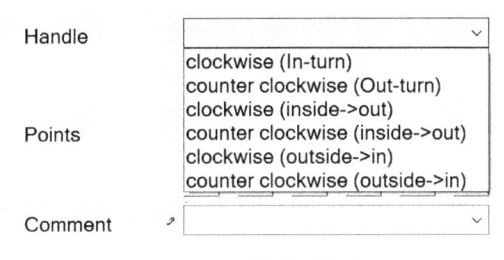

图6-8 旋转类型选项

注：其他四种旋转类型与运动员的惯用投壶手有关，常规统计时可以忽略。

（四）投壶评分选项（图6-9）

0分（0%）：没有完成既定投壶任务（即使最终效果很好），以及前掷线违例、自由防守区犯规。

1分（25%）：基本没有完成既定投壶任务（例如，清球投壶时，投掷壶停在目标壶的位置）。

2分（50%）：完成一半既定投壶任务（例如，击打投壶时，目标壶和投掷壶均移出比赛区域）。

3分（75%）：基本完成既定投壶任务（例如，进营投壶时，投掷壶停在大本营内，但不在保护冰壶的正后方）。

4分（100%）：完成既定投壶任务。

4分（no bonus point, use 4）：超级完美和高难度投壶，通常计为5分，但从2009年以后，国际冰壶赛事中不再采用此项评分。

4分（no super point, use 4）：决定比赛胜负的关键投壶，通常计为6分，但从2009年以后，国际冰壶赛事中不再采用此项评分。

X（not considered）：主动溜壶、未投壶或跳壶，以及触碰运动中的冰壶，但不包括前掷线违例和扫冰犯规。此种投壶将不会纳入统计分析之中。

X（rule violation）：前掷线违例、自由防守区犯规等。

```
Points        [                    ▽]
              0 (0%)
              1 (25%)
              2 (50%)
Comment       3 (75%)
              4 (100%)
              4 (no bonus point, use 4)
              4 (no super point, use 4)
              X (not considered)
              X (rule violation)
```

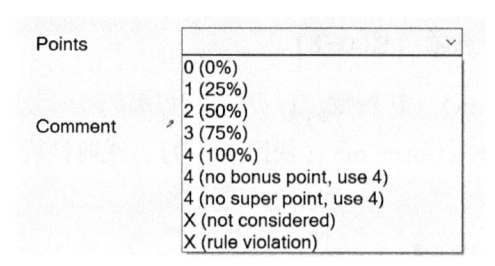

图6-9　投壶评分选项

思考与练习

1. 请结合本章内容，认真思考冰壶裁判员介入或干预比赛的原则与时机。
2. 冰壶刷随机抽检的程序与方法是什么？
3. 简述点球投壶的程序与测量方法。
4. 官方训练的种类与要求有哪些？
5. 电子壶盖失效的处理程序是什么？
6. 简述测量用具的种类与功能。
7. 比赛时间修正的原则与流程是什么？
8. 结合视频资料，自我练习并熟练掌握计时系统的操作方法。

第七章 CHAPTER 07
轮椅冰壶

> **本章提要**
>
> 轮椅冰壶是冬残奥会发展最快的项目之一。轮椅冰壶的运动规则与竞赛规则和健全人冰壶的运动规则与竞赛规则基本一致，但轮椅冰壶运动员必须坐在静止的轮椅上投掷冰壶，不仅可以用手投掷冰壶，而且还可以使用投壶杆投掷冰壶。二者最大的区别是轮椅冰壶禁止扫冰。
>
> "千磨万击还坚劲，任尔东西南北风"。赛场内外，残疾人运动员以不屈的毅力，迎难而上，挑战和超越生命的极限，奏响了生命的最强音，以自我素质的提高和自身价值的实现，获得人们的尊重，而不是同情和怜悯。同时，他们也教育人们要热爱生命、珍惜生命，用积极进取的态度点燃生命的激情。

第一节 轮椅冰壶运动发展简史

轮椅冰壶是为下肢和步态存在一定障碍的人群能够参与冰壶运动而对冰壶规则进行修订形成的改编版冰壶运动。轮椅冰壶由世界冰壶联合会直接管理，是冬残奥会的正式比赛项目。

轮椅冰壶运动兴起于20世纪90年代末的欧洲，并从2002年开始在北美地区广泛开展。2000年1月，轮椅冰壶运动发展研讨会在瑞士召开，对轮椅冰壶的比赛形式进行了深入讨论，最终决定轮椅冰壶的比赛形式与竞赛规则应尽可能地与健全人的冰壶比赛保持一致。研讨会期间举办了首届国际轮椅冰壶比赛，只有瑞士和瑞典的轮椅冰壶队参加了此次比赛。

第1届世界轮椅冰壶锦标赛于2002年1月在瑞士举办，东道主瑞士队获得冠军。在2006年都灵冬残奥会上，轮椅冰壶首次成为冬残奥会的正式比赛项目。2020年12月12—15日召开的国际残奥委员会理事会会议决定将轮椅混双冰壶列为2026年冬残奥会的正式比赛项目。

目前，轮椅冰壶运动已经在世界上超过26个国家和地区得到推广与发展。

中国轮椅冰壶运动始于2007年。2007年8月22日，黑龙江省残联成立了全国第一支轮椅冰壶队。中国轮椅冰壶队在2018年平昌冬残奥会上获得冠军，又分别于2019年和2021年获得世界轮椅冰壶锦标赛冠军，现世界排名第一。在2022年北京冬残奥会上，中国轮椅冰壶队成功卫冕，也再次用实力证明了中国在轮椅冰壶项目上的实力。

中国轮椅冰壶运动员在赛场上展现出了尊重对手、珍视友谊的情怀，互相关心、团结协作的品质和顽强拼搏、永不言败的精神。他们用实际行动为残疾人运动精神写下了最生动的注脚。

第二节　顶级赛事介绍

一、世界轮椅冰壶锦标赛

2002年，首届世界轮椅冰壶锦标赛在瑞士苏尔塞举行，共有9支队伍参赛，东道主瑞士获得了首届世界轮椅冰壶锦标赛冠军。截至2022年10月，世界轮椅冰壶锦标赛共举办过15届（冬残奥会年停办）。从2019年开始，参赛队伍数量增加到12支。

人们对轮椅冰壶运动的兴趣和参与程度随着时间的推移而得到了明显的提升。2015年，世界冰壶联合会举办了首届世界轮椅冰壶锦标赛B组比赛。截至2021年，共举办过5届，分别于2015年、2016年、2018年、2019年和2021年，举办地均为芬兰。

二、冬残奥会

2002年3月，国际残奥委会将轮椅冰壶混合团体项目列为冬残奥会正式比赛项目，且2006年都灵冬奥会组委会同意将轮椅冰壶混合团体项目纳入其中。

2006年都灵冬残奥会轮椅冰壶比赛共8支队伍参赛。加拿大、英国和瑞典分获前三名。2010年温哥华冬残奥会轮椅冰壶比赛的参赛队伍扩增到10支。2015

年6月，国际残奥委会批准2018年平昌冬残奥会轮椅冰壶比赛的参赛队伍数量扩大到12支，中国轮椅冰壶队在平昌冬残奥会轮椅冰壶比赛中夺冠。

第三节　轮椅冰壶特殊规则

轮椅冰壶的运动与竞赛规则和健全人冰壶的运动与竞赛规则基本一致，但轮椅冰壶运动员必须坐在静止的轮椅上投掷冰壶，不仅可以用手投掷冰壶，而且可以使用投壶杆投掷冰壶。与健全人冰壶运动最大的区别是轮椅冰壶禁止扫冰。

一、场地与器材

（一）冰壶道

轮椅冰壶与健全人冰壶使用的冰壶道基本一致。但是，轮椅冰壶比赛使用的冰壶道没有踏板，还增加了轮椅通道和轮椅线（图7-1）。

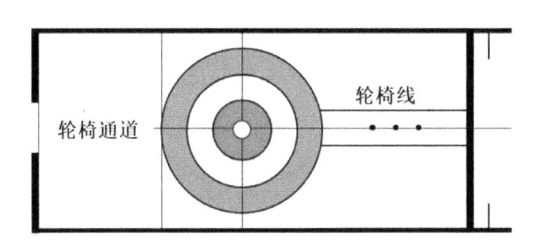

图7-1　轮椅冰壶的冰壶道

1. 轮椅线

轮椅线是冰壶道两端的两条细线，它们与中线平行且位于中线两侧，从前掷线延伸到大本营前区的最外沿。每条细线的外沿到中线距离为457毫米（18英寸）。

2. 轮椅通道

规则中对轮椅通道的切割尺寸并没有具体规定，但一定要大于90厘米，通常为92厘米。

（二）冰壶

轮椅冰壶运动使用的冰壶在参数规格上与健全人冰壶运动使用的冰壶完全一致，唯一的区别是轮椅冰壶运动的比赛用壶不使用电子感应壶盖。

（三）投壶杆

投壶杆由杆头、杆和把手三个部分组成（图7-2）。如果轮椅冰壶运动员选择使用投壶杆，那么整场比赛中每次投壶时都必须使用投壶杆。

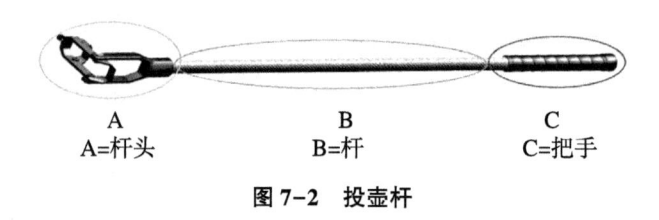

A　　　　　　　B　　　　　　　C
A=杆头　　　　B=杆　　　　　C=把手

图7-2　投壶杆

1. 投壶杆的标准

投壶杆只可用作手臂或手的延伸，不可借用任何机械优势，包括但不限于弹簧和活塞。

① 不能包含任何自动瞄准或辅助瞄准冰壶的设备或部件。

② 不能包含任何校正投壶力量和速度的设备或部件。

③ 投壶杆的总长度不能大于2.45米（8英尺）。测量投壶杆长度时，需要将投壶杆放在水平面上。总长度是从把手末端到杆头展开后末端的长度。

④ 投壶杆必须为中空，且在投壶过程中长度固定不变。然而，两次投壶之间可以调整杆的长度。

⑤ 可以定制把手、杆和杆头，但材质必须符合世界冰壶联合会制定的《轮椅冰壶政策》。例如，胶带、尼龙搭扣和硅胶。

⑥ 如果投壶杆符合《轮椅冰壶政策》，那么冰壶手柄的受力位置不受限制。

⑦ 在投壶过程中，轮椅冰壶运动员必须通过把手、杆和杆头形成固定连接。

2. 投壶杆的规则与判罚

轮椅冰壶比赛或练习环节中使用不符合世界冰壶联合会制定的《竞赛器材规范》的投壶杆会受到以下判罚：

① 在一项赛事期间，第一次违反规定的运动员将被取消本次赛事的参赛资格，所属运动队将被取消本场比赛的比赛资格。

② 在一项赛事期间，第二次违反规定的运动队将被取消本次赛事的参赛资格，所有运动员在12个月（365天）内不准参加世界冰壶联合会举办的赛事。

所有参赛队伍在比赛场地内最多可以携带 4 根投壶杆（轮椅混双为 2 根），运动员可在任何时间使用任何一根投壶杆。除非裁判长特别许可，否则在比赛期间或赛前练习期间和之后均不得更换投壶杆。特别许可的条件是把手、杆或杆头意外损坏。如运动员未经允许擅自更换投壶杆，违规队伍本场比赛判负。如果一支参赛队伍在比赛中更换替补运动员上场比赛，则换人队伍最多可以更换 1 根投壶杆（不适用于轮椅混双）。

（四）轮椅

规则规定，除非运动员在日常生活中以电动轮椅作为行动工具，否则不得在比赛中使用电动轮椅。

◆ **特别说明：** 本小点内容主要参考 Wheelchair Curling Policy, September 2022.

二、参赛队伍

（一）轮椅冰壶

轮椅冰壶项目每支参赛队伍必须由 4 名运动员组成，可以申报 1 名替补运动员，而且在整场比赛中场上都必须同时有男运动员和女运动员，否则违规队伍本场比赛判负。

如果一名运动员在一局比赛中因疾病、意外或者其他特殊情况离场（不包括被裁判员驱逐出场），处理方式如下：

① 只有队伍投完所有的冰壶，离场运动员才可以返回比赛。

② 如果离场运动员在本局比赛中还有需要投掷的冰壶，则替补运动员必须立刻入场比赛，且要按照离场运动员的垒次投掷冰壶。下一局比赛开始时，队伍可以进行阵容变更（变更适用于本场比赛的剩余部分），离场运动员不得重新进入比赛。

③ 如果离场运动员已投完本局比赛中的冰壶，下一局比赛开始时仍没有回到比赛中，队伍必须使用替补运动员，且可以进行阵容变更（变更适用于本场比赛的剩余部分），离场运动员不得重新进入比赛。

（二）轮椅混双

轮椅混双项目每支参赛队伍必须由 2 名运动员组成，男、女运动员各 1 名，且没有替补队员。如果一支参赛队伍的两名运动员不能一起完成整场比赛，则本场比赛判负。每支参赛队伍允许注册1名教练员和1名队伍官员。

❖**特别说明：**本小点内容主要参考 *The Rules of Curling and Rules of Competition*，*October 2022*，*R13：Wheelchair Curling / R14：Wheelchair Curling Doubles Curling*.

三、投壶

① 轮椅冰壶运动员必须在静止的轮椅上投掷冰壶。

② 当在踏板和投壶端大本营前区最外沿之间投壶时，冰壶固定在中线上；当在大本营前区最外沿和投壶端前掷线之间投壶时，整个冰壶必须位于轮椅线之间。

③ 投壶过程中，投壶运动员的脚禁止接触冰面，轮椅的轮子必须与冰面直接接触。

④ 为i轮椅冰壶运动员既可使用手臂投掷冰壶，也可以使用符合轮椅冰壶规定的投壶杆投掷冰壶。

⑤ 冰壶到达投壶端前掷线，视为冰壶进入比赛状态且已投壶；冰壶未到投壶端前掷线，投壶运动员可以重新投壶。

⑥ 轮椅混双项目的运动员在投掷冰壶时，可以选择无人固定轮椅、队友帮助固定轮椅或冰上助理帮助固定轮椅。如果选择冰上助理帮助固定轮椅，则不可对轮椅的固定情况进行投诉。

⑦ 在点球投壶期间，允许一名队伍官员为运动员清洁和摆放冰壶。在投壶之前，他应站立于底线后方。

谨记：轮椅冰壶禁止扫冰。

四、比赛时间

（一）通则

① 一场比赛由8局组成，轮椅冰壶的思考时间为38分钟（轮椅混双为30分钟）。

② 如果一支参赛队伍未按照规定时间开始比赛，每认定完成一局，双方思考时间均被扣除4分45秒（轮椅混双为3分45秒）。

③ 如果需要加局，重新设置比赛计时器，每个加局每支参赛队伍获得6分

钟的思考时间（轮椅混双为 4 分 30 秒）。

④ 当一支参赛队伍的冰壶到达投壶端前掷线时，停止计时。

⑤ 如果裁判员认定一支参赛队伍毫无必要地拖延比赛，要通知该队伍的指挥。如果下一个冰壶没有在 45 秒内到达投壶端前掷线，该冰壶需要立即移出比赛区域。

⑥ 参赛队伍必须在规定时间内完成比赛，否则本场比赛判负。如果冰壶在思考时间结束之前到达投壶端前掷线，则认定为已及时投壶，即本次投壶有效。

(二) 特殊情况

1. 前掷线和底线的视觉测量

在比赛期间，参赛队伍可以要求执场裁判员进行视觉测量，视为技术暂停。在此期间，暂停计时器。执场裁判员通知计时长重新启动计时器的时间。

2. 投壶杆卡住冰壶

如果投壶时投壶杆卡住了冰壶，视为前掷线违例。计时器正常运行，不启用技术暂停。

3. 投壶过程失误

如果冰壶到达了投壶端前掷线，视为前掷线冰壶（冰壶已投出，但未通过比赛端前掷线）。如果冰壶在到达投壶端前掷线之前停止，可以重新投壶，计时器正常运行。冰上助理可以帮助取回冰壶。如果投壶杆损坏，执场裁判员通知计时长，视为技术暂停。

4. 参赛队伍不想投掷一局比赛的最后一个冰壶

一局比赛的最后一个冰壶必须投出。为避免造成伤害，队伍通常会将冰壶推过投壶端前掷线。通常情况下，计时器正常运行，直到冰壶越过投壶端前掷线。

5. 改变投壶位置

运动员通常会到达自己设定的投壶位置。然后，冰上助理会将冰壶摆放在轮椅前方。如果运动员想改变最初的投壶位置，计时器正常运行。

6. 更换冰壶

如果运动员提出需要更换投掷的冰壶，但计时裁判员并不知道是冰上助理的失误还是运动员提出的要求，导致冰壶更换。此时，计时器正常运行，除非执场裁判员通知计时长停止计时。如果是冰上助理的疏忽，则根据执场裁判员的指示进行时间修正。如果运动员需要更改《投壶顺序表》，则由执场裁判员在局间休息时处理此事。

7. 延迟比赛

冰上助理摆放冰壶、清洁冰壶、调整冰壶排序、移出冰壶或控制变向冰壶的行为或动作都可能会对比赛计时造成影响。不论何种原因，冰上助理导致的比赛延迟不应附加给参赛队伍（例如，投掷壶的颜色或壶号错误，或是没有准备好一局比赛的第一个投掷壶等）。计时裁判员应将此类信息告知计时长。

第四节　冰上助理的工作职责与工作流程

冰上助理由组委会选派和组织，属于志愿者岗位。轮椅冰壶比赛中每条冰壶赛道配有 2 名冰上助理，1 名冰上助理位于投壶端，1 名冰上助理位于比赛端。他们是轮椅冰壶比赛中不可或缺的一部分，对比赛的顺畅运行起到了至关重要的作用。

冰上助理主要工作职责和工作流程如下。

一、比赛开始前

① 按照规定时间向主管报到，并领取必备的工作器材，进入指定工作岗位。
② 更换干净的冰壶鞋或运动鞋。
③ 携带用于清洁冰壶的细纤维布。
④ 赛前练习之后，比赛开始之前，核查运动员的投壶顺序及是否有左手投壶运动员，并填写《投壶顺序表》。

二、比赛期间——投壶端

① 按照双方的投壶顺序，将冰壶成两行整齐排列（图 7-3）。

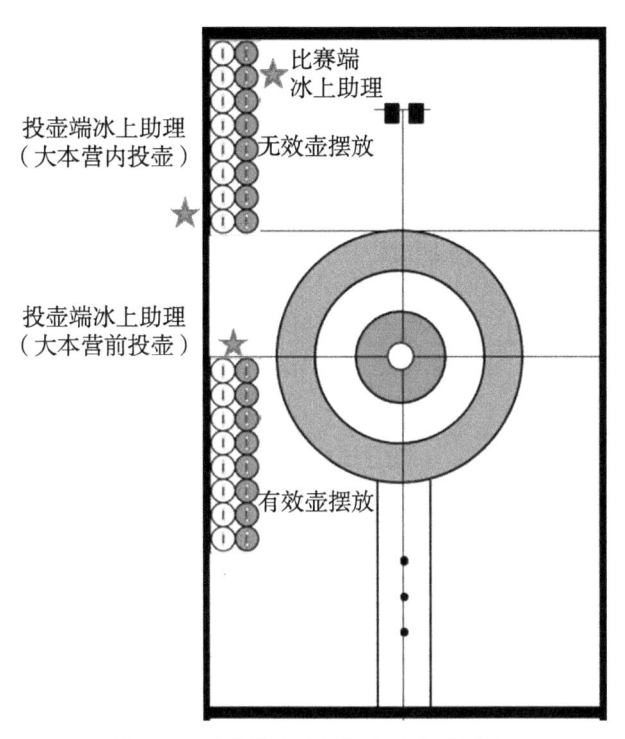

图 7-3 冰上助理的站位与冰壶的摆放

② 冰壶从 T 线开始直线排列，且手柄与中线平行。一局比赛最后一个投掷的冰壶与 T 线相切，其他冰壶按照投壶顺序依次排列。

③ 每局比赛中先手队伍的冰壶位于冰壶道边区靠近中线的一侧。

④ 在冰壶道边区清洁冰壶，并要确保冰壶的撞击带不会损坏冰面。翻转冰壶时，用脚抵住冰壶。

⑤ 按照运动员的期望，将冰壶沿着冰面推到投壶运动员的投壶区域，并将其放置在投壶运动员轮椅前轮的前方。除非队伍有其他要求，否则用细纤维布（不要用手）清洁冰壶底部及冰面。如果在清洁冰壶之后发现杂物，将冰壶移回重新清洁。

⑥ 每局比赛的第一个投掷壶需要首先擦拭干净，并摆放到投壶区域。

⑦ 运动员拿到冰壶后，冰上助理安静地返回到冰壶道一侧运动员身后；运动员准备投壶时，一定要保持安静，且静止站立。

⑧ 一局比赛的最后一个冰壶投出之后移动到比赛端，并在本局比赛结束后帮助排列冰壶，且跟随第一个投掷壶回到指定位置。

⑨ 对于轮椅混双冰壶比赛而言，按照运动员要求帮助投壶运动员固定轮椅。一局比赛的最后一个冰壶投出之后，为下一局比赛摆放"固定壶"。摆放"固定壶"之前，使用细纤维布清洁"固定壶"的滑行带。先手方的冰壶放在自由防守区，后手方的冰壶放在大本营内。

三、比赛期间——比赛端

① 站在冰壶道一侧，投壶运动员视线以外，靠近冰壶放置区的角落处。

② 协助运动员清理冰壶道上的无效壶（未越过前掷线、触及边线或完全越过底线的冰壶），并将无效壶在侧挡板处按照要求排列成2排，手柄在冰面上呈一条直线，且与中线保持平行。如可以，按照《投壶顺序表》排列冰壶。

③ 如果是击打投壶，向冰壶相互撞击后可能行进的方向移动，防止冰壶进入相邻的冰壶道。

④ 比赛双方队伍确认一局比赛分数后，立即通知执场裁判员。2位冰上助理立即共同将冰壶移至投壶端右侧，为下一局比赛做好充分准备，而且1名冰上助理须跟随第一个投掷壶回到冰壶道的另一端。

⑤ 如果需要测量，不要移动任何冰壶，立即通知裁判员。

⑥ 当队伍申请使用暂停时，冰上助理可以提示执场裁判员，执场裁判员负责控制暂停时间。

⑦ 仅在运动员提出需求时，才提供帮助。

⑧ 不要对场上局势和冰壶位置发表任何评论。如果执场裁判员不在现场，运动员询问某个冰壶是否碰触到侧挡板，可以根据所见如实回答。

⑨ 最重要的工作是确保为每局比赛的先手队伍准备好第一个投掷壶，不要让队伍等待清洁和摆放冰壶。上一局比赛中得到分的队伍，在下一局比赛中投掷第一个冰壶。第一个投掷的冰壶放到投壶位置后，可以继续排列冰壶。比赛开始后一定不要干扰到投壶运动员。排列冰壶时，一定要确保本局比赛先手队伍的冰壶靠近中线一侧，后手队伍的冰壶靠近侧挡板一侧，按照《投壶顺序表》排列冰壶。

❖ **特别说明：** 本小点内容主要参考 Technical Official's Manual，October 2020，10.3 Ice Play Assistants.

第五节　无障碍设施

轮椅冰壶比赛场馆应至少有1个轮椅使用者的无障碍出入口。如果运动员或队伍官员的指定区域有大于1∶20斜坡或楼梯，应提供符合要求的无障碍坡道或电梯。

一、教练员席

教练员席应适合轮椅出入比赛场地。每支参赛队伍允许3人坐于教练员席，通常配有2把椅子和1个轮椅位置。轮椅位置的座位空间为1.30米×0.80米，后方留有大于1.20米宽的通道（图7-4）。

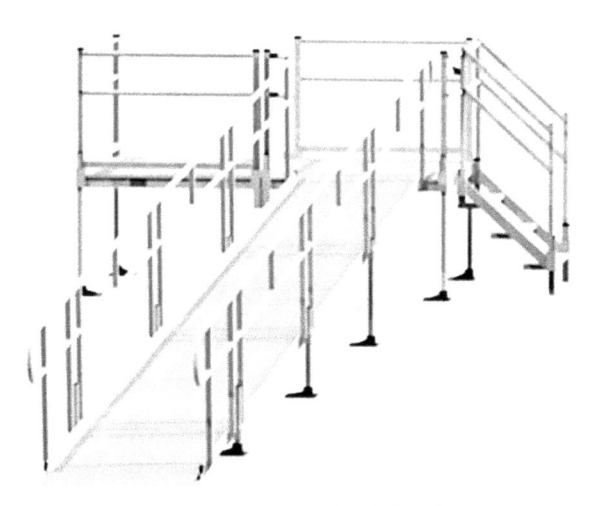

图7-4　教练员席轮椅坡道示意图

二、比赛场地

比赛场地的轮椅坡道至少有1.5米宽，纵向坡度不得超过1∶16（6.25%），横向坡度不得超过1∶100（1.0%）。长度超过9米的坡道必须设有宽度大于1.5米的休息台，且坡道顶部和底部及改变方向处均应有休息平台，应配备扶手和边缘保护装置。轮椅坡道的设置详见图7-5、图7-6、图7-7。

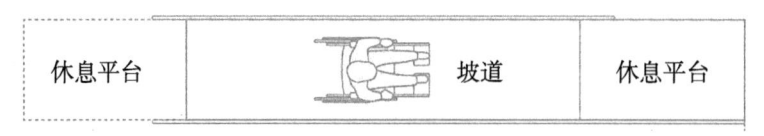

图 7-5　直线型坡道示意图

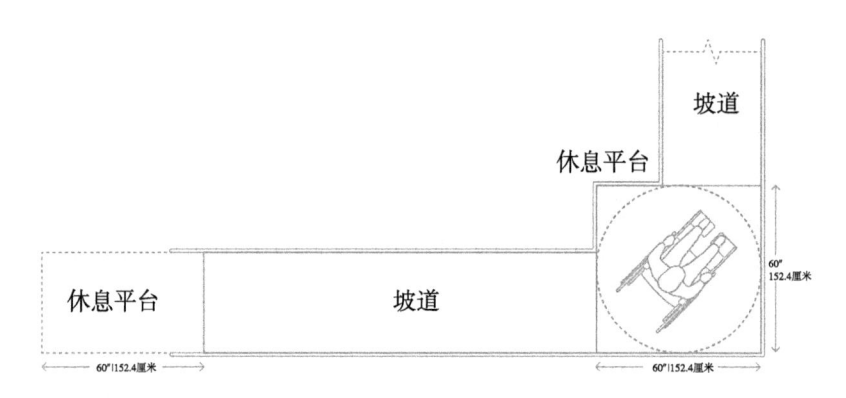

图 7-6　直角型坡道示意图

图 7-7　折线型坡道示意图

❖**特别说明**：本小点内容主要参考 Accessibility Needs for Wheelchair Curling Events：Venue interior.

|思考与练习

1. 请结合本章内容，认真思考轮椅冰壶运动员自强不息、顽强拼搏、自我激励、永不言败的精神内涵是什么。

2. 轮椅冰壶的特殊规则主要体现在哪几个方面？

3. 简述冰上助理的工作职责与工作流程。

第八章 CHAPTER 08
常用词汇和规范用语（中英文对照）

> **本章提要**
>
> 从社会作用上看，语言不仅是表达和交流的工具，也反映了人们潜在的思想道德、文化修养水平，进而展现社会的和谐程度。
>
> 裁判员用语标准、规范不仅是专业素养的体现，也是履行自身岗位职责的基本条件，更是培养具有国际视野与时代精神的复合型人才的基本要求。

一、体育组织

国际奥林匹克运动委员会	International Olympic Committee
国际残奥委会	International Paralympic Committee
世界冰壶联合会	World Curling Federation
国际大学生体育联合会	International University Sports Federation
中国奥林匹克委员会	Chinese Olympic Committee
中国冰壶协会	Chinese Curling Association

二、赛事与项目

（一）赛事（Competition）

冬季奥林匹克运动会	Olympic Winter Games
冬季残疾人奥林匹克运动会	Paralympic Winter Games
世界男子冰壶锦标赛	World Men's Curling Championship
世界女子冰壶锦标赛	World Women's Curling Championship

世界混双冰壶锦标赛	World Mixed Doubles Curling Championship
世界混合四人冰壶锦标赛	World Mixed Curling Championship
世界青年冰壶锦标赛	World Junior Curling Championships
世界老年冰壶锦标赛	World Senior Curling Championships
世界轮椅冰壶锦标赛	World Wheelchair Curling Championship
世界轮椅混双冰壶锦标赛	World Wheelchair Mixed Doubles Curling Championship
欧洲冰壶锦标赛	European Curling Championships
泛大陆冰壶锦标赛	Pan Continental Curling Championships

（二）项目（Event）

男子冰壶	Men's Curling
女子冰壶	Women's Curling
混合双人冰壶	Mixed Doubles Curling
混合四人冰壶	Mixed Curling
轮椅冰壶混合团体	Wheelchair Curling
轮椅冰壶混合双人	Wheelchair Mixed Doubles Curling

三、岗位名称

（一）竞赛团队（Competition Team）

国际技术官员	International Technical Official
国内技术官员	National Technical Official
裁判员	Umpire
志愿者	Volunteer
竞赛主任	Sport Manager
竞赛副主任	Deputy Sport Manager
竞赛助理	Sport Assistant
竞赛协调员	Sport Coordinator
技术代表	Technical Delegate
媒体协调官	Media Relation Officer

兴奋剂检查官	Doping Control Officer
医疗官	Medical Officer
裁判长	Chief Umpire
副裁判长	Deputy Chief Umpire
执场裁判员	Game Umpire
计时长	Chief Timer
副计时长	Deputy Chief Timer
计时裁判员	Game Timer
统计长	Chief Statistician
副统计长	Deputy Chief Statistician
统计裁判员	Statistician
成绩处理团队	Results Team
冰上助理	Ice Player Assistant
观察裁判员（混双）	Mixed Doubles Assistant
观察裁判员	End-Ice Assistant
前掷线裁判员	Hog Line Observer
制冰团队	Ice-Crew
制冰师	Ice Technician
首席制冰师	Chief Ice Technician
副制冰师	Deputy Chief Ice Technician

（二）参赛队伍（Team）

队伍官员	Team Official
领队	Team Leader
队医	Team Doctor
翻译	Translator
理疗师	Physio theropist
教练员	Coach
运动员	Player
四垒	Fourth Player
三垒	Third Player

二垒	Second Player
一垒	First Player/Lead
替补	Alternate / Spare
指挥	Skip
副指挥	Vice-Skip / Acting Skip / Mate
三四垒	Back End
一二垒	Front End

四、竞赛场馆与竞赛器材

（一）功能用房和功能区（Functional Room & Functional Area）

运动员更衣室	Athletes Changing Room
运动员休息室	Athletes Lounge
运动员集结区	Athletes Staging Area
教练员席	Coach Bench
比赛场地	Field of Play
制冰设备间	Ice Technician's Maintenance
媒体席	Media Bench
会议室	Meeting Room
混采区	Mixed Zone
理疗室	Physical Therapy Room
裁判员休息室	Umpires Room
裁判员集结区	Umpires Staging Area
热身区	Warm-up Area

（二）冰壶道（Sheet）

后挡板	Back Board / Bumper
底线	Back Line
冰枕（防撞条）	Bumper
中心圆	Button
中线	Centre Line

限制线（礼貌线）	Courtesy Lines
前掷线违例检测系统	Eye-on-the-Hog
冰面和环境监测系统	Eye-on-the-Ice
踏板	Hack
踏板线	Hack Line
前掷线	Hog Line
大本营	House / Circles / Rings
侧挡板	Side Board
边线	Side Line
圆心点	Tee / Centre Hole / Pin
轮椅线	Wheelchair Lines

（三）冰壶（Curling Stone / Stone / Rock）

冰壶手柄字母贴纸	Curling Stone Handle Decals (Letters)
冰壶手柄数字贴纸	Curling Stone Handle Decals (Numbers)
深色手柄	Dark Handle
手柄	Handle
电子手柄	Electronic Handle
浅色手柄	Light Handle
滑行带/壶刃	Running Edge
混双壶柄贴纸	Stickers for Mixed Doubles
撞击带	Striking Band

（四）冰壶刷（Brush）

刷头（刷板）	Brush Head
刷架	Brush Pad
刷杆	Brush Handle
冰壶刷标识	Brush Marking

（五）投壶杆（Delivery Stick）

| 杆头 | Delivery Head |
| 杆 | Tube |

| 手柄 | Handle |

（六）竞赛软件与器材（Competition Software & Equipment）

测量杆	Biter Stick
直角测量块	Block
冰壶教练员系统	Curling Coach System
冰壶裁判员系统	Curling Umpire System
统计软件	Curlit
计时软件	CurlTime
激光点球测量仪	Laser Measures
点球测量尺	Last Stone Draw Measure / Draw Shot
千分测量尺	Micrometre Measure / Micrometer
信息分类架	Pigeonhole
记分板	Score Board

五、项目规则与专业术语

（一）冰壶规则（Curling Rule）

理论上无获胜可能	Arithmetically Eliminated
远端	Away End
空局	Blank End
轮空	Bye
延迟	Delay
投壶	Delivery
投壶端	Delivery End
全队投壶赛	Draw Shot Challenge
局	End
加局	Extra End
自由防守区	Free Guard Zone
自由防守区违例	Free Guard Zone Violation
后手	Hammer

前掷线违例	Hog Line Violation
前掷线冰壶	Hogged stone
近端/开赛端	Home End
破坏冰面	Ice Abuse
淘汰赛	Knock-Out
点球投壶	Last Stone Draw
首局比赛后手	Last Stone First End
比赛端	Playing End
复赛	Play-Off
固定壶	Positioned Stones
进攻局	Power Play
重投	Redelivered
重赛	Replayed
备用壶	Spare Stone / Reserve Stone
冰壶精神	Spirit of Curling
扫冰	Sweeping / Brushing
队会	Team Meeting
思考时间	Thinking Time
平分加赛	Tie-breaker
触碰冰壶	Touched Stone
退赛	Withdrawal

(二) 计时工作术语 (Timing Terminology)

局间	Between Ends
启动计时	Clock Start
停止计时	Clock Stop
医疗暂停	Medical Time-Out
中场休息	Mid-Game Break
时间耗尽	Out of Time
投壶过早	Stone Delivered Too Soon
战术暂停	Team Time-Out

技术暂停	Technical Time-Out
暂停次数	Time Out Count
暂停	Time-Out
计时	Timing
计时错误	Timing Error
远端行走时间	Travel Time Away
近端行走时间	Travel Time Home

(三) 统计工作术语 (Statistic Terminology)

清球	Clearing
顺时针	Clockwise
逆时针	Counter Clockwise
双飞	Double Takeout
进营	Draw
旋粘	Freeze
占位	Front
保护	Guard
打甩	Hit and Roll
未投壶	Not Thrown
传击	Promotion Takeout
传球	Raise / Tap Back
放壶	Through
击打	Takeout
分球	Wick / Softpeeling

六、竞赛文件与竞赛表格

(一) 竞赛文件 (Competition Document)

竞赛举办手册	Competition Hosting Manual
竞赛政策与程序手册	Competition Policy & Procedure Manual
参赛指南	Competitor's Guide

赛前练习脚本	Pre-Game Practice Script
赛前训练计时程序	Pre-Game Timing Protocol（countdown）
秩序册	Program
注册报名表	Registration form
成绩册	Results Book
冰壶运动规则与竞赛规则	Rules of Curling and Rules of Competition
竞赛器材规范	Standards for Competition Equipment
冰壶信息清单	Stone List
领队手册	Team Leader's Manual
队会文件	Team Meeting Document
技术官员手册	Technical Official's Manual
轮椅冰壶政策	Wheelchair Curling Policy

(二) 竞赛表格（Competition Form）

阵容变更表	Change of Team Line-up Form
晚场训练预定表	Evening Practices Booking Form
晚场训练日程	Evening Practices Schedule（Pre-Allocated）
参赛阵容表	Game Team Line-up Form
比赛时间记录表	Game Timing Form
前掷线记录表	Hog Line Form
点球投壶记录表	Last Stone Draw
冰上官员计分卡	On-Ice Official's Scorecard
混双冰上官员计分卡	On-Ice Official's Scorecard Mixed Doubles
初始阵容表	Original Line-up Form
混双初始阵容表	Original Line-Up Form Mixed Doubles
复赛阶段比赛信息表	Play-Off Game Information
复赛阶段选壶表	Play-Off Stone Selection
混双复赛阶段选壶表	Play-Off Stone Selection Mixed Doubles
犯规记录表	Violation Chart
轮椅冰壶投壶顺序表	Wheelchair Curling Delivery Order
轮椅冰壶混双投壶顺序表	Wheelchair Curling Mixed Doubles Delivery Order

七、竞赛规范用语

A 道	Alpha
B 道	Bravo
C 道	Charlie
D 道	Delta
第一组练习开始	First practice may begin
距练习结束还有 1 分钟	One minute to the end of practice
练习结束	Practice is over
顺时针投壶开始	Please deliver your clockwise Last Stone Draw
逆时针投壶开始	Please deliver your counter-clockwise Last Stone Draw
第二组练习开始	Second practice may begin
距比赛开始还有 1 分钟	Games will begin in one minute
祝好运，祝冰壶比赛顺利	Good luck and good curling
前掷线-B 道-红壶	Hog line, Bravo, red
确认/拒绝-B 道-红壶	Confirmed / Denied, Bravo, red
A 道，红壶，2 分钟	Sheet Alpha, red stones, 2 minutes
A 道，红壶，超时	Sheet Alpha, red stones, out of time
A 道，红壶，投壶有效	Sheet Alpha, red stones, delivered in time
A 道已确认	Sheet Alpha confirmed
A 道，第七局，丹麦 8 分，德国 6 分	Sheet Alpha, DEN 8, GER 6 after 7 ends

八、活动与仪式

闭幕晚宴	Closing Banquet
闭幕式	Closing Ceremony
晚场训练	Evening Practice
颁奖仪式	Medal Presentation
欢迎晚宴	Opening Banquet
开幕式	Opening Ceremony

复赛阶段会议	Play Off Meeting
复赛阶段训练	Play Off Practice
循环赛结束后会议	Post Round Robin Meeting
预先分配的晚场训练	Pre-Allocated Evening Practice
场地适应性训练	Pre-Competition Practice
赛前练习	Pre-Game Practice
准备日	Preparation Day
队会	Team Meeting
队伍训练日	Team Practice Day

九、其他

注册	Accreditation / Register
审批	Approval
竞赛器材	Competition Equipment
竞赛积分表	Competition Matrix
竞赛日程	Competition Schedule
竞赛总结	Competition Summary
小项	Discipline
兴奋剂检测	Doping Control
轮次/抽签/竞赛单元	Draw
分项	Event
最终排名	Final Ranking
判负	Forfeit
比赛结果	Game Results
每投数据统计	Game Shot by Shot
当地组委会	local Organising Committee
测量器材	Measuring Device
裁决	Officiating
成绩和排名	Results and Standings
循环赛	Round Robin
大项	Sport

体育道德风尚奖	Sportsmanship Awards
统计报告	Statistics Reports
赛制	System of Play
排名程序	Team Ranking Procedure
训练日程	Training Schedule
轮椅	Wheelchair

十、英文缩写对照

注册	ACR
中国冰壶协会	CCC
参赛指南	CG
首席制冰师	CIT
统计长	CS
计时长	CT
裁判长	CU
冰壶教练员系统	CuCoS
冰壶裁判员系统	CuUmS
副制冰师	DCIT
副统计长	DCS
副计时长	DCT
副裁判长	DCU
中途退赛	DNF
放弃比赛	DNS
兴奋剂检查	DOP
取消比赛资格	DSQ
欧洲冰壶锦标赛	ECC
比赛场地	FOP
计时裁判员	GT
执场裁判员	GU
国际奥林匹克运动委员会	IOC
冰上助理	IPA

国际残奥委会	IPC
国际技术官员	ITO
当地组委会	LOC
首局比赛后手	LSFE
观察裁判员（混双）	MDA
媒体协调官	MRO
国内技术官员	NTO
亚太冰壶锦标赛	PACC
泛大陆冰壶锦标赛	PCCC
苏格兰皇家冰壶俱乐部	RCCC
指挥	S
统计裁判员	STATS
技术代表	TD
队会文件	TMD
副指挥	V
志愿者	VOL
世界冰壶联合会	WCF
世界青年冰壶锦标赛	WJCC
世界男子冰壶锦标赛	WMCC
世界混双冰壶锦标赛	WMDCC
世界混合四人冰壶锦标赛	WMxCC
世界老年冰壶锦标赛	WSCC
世界女子冰壶锦标赛	WWCC
世界轮椅冰壶锦标赛	WWhCC
世界轮椅混双冰壶锦标赛	WWhMDCC

附 录

APPENDIX

附录一　全国冰雪项目体育竞赛裁判员管理办法
（修订）

2021 年 9 月 27 日

第一章　总　则

第一条　为加强我国冰雪项目体育竞赛裁判员队伍建设，保证体育竞赛公平、公正、有序进行，规范体育竞赛裁判员资格认证、培训、考核、注册、选派、处罚等监督管理工作，根据《中华人民共和国体育法》和《体育竞赛裁判员管理办法》（国家体育总局令第 21 号）及国家体育主管部门的相关规定，结合国家体育总局冬季运动管理中心有关规定和全国冰雪项目发展实际，制定本办法。

第二条　体育竞赛裁判员（以下简称"裁判员"）实行分级认证、分级注册、分级管理。

第三条　国家体育总局冬季运动管理中心（以下简称"冬运中心"）对在全国行政区域内正式开展的冰雪项目（以国家体育总局正式文件公布的为准）裁判员的管理工作进行监管。各级政府体育主管部门负责本地区相应等级裁判员的监督管理工作。

第四条　冬运中心和相关协会，省、自治区、直辖市等各级地方体育主管部门或单项体育协会（以下简称"地方单项协会"）负责本项目、本地区相应技术等级裁判员的资格认证、培训、考核、注册、选派、处罚等（以下简称"技术等级认证")监督管理工作。

第五条 各冰雪项目裁判员的技术等级分为国家级、一级、二级、三级。获得国际单项体育组织有关裁判员技术等级认证者，统称为国际级裁判员。

第六条 冬运中心和相关协会负责全国冰雪项目国际级裁判员的注册和日常管理工作，并对国际级裁判员在国内举办的冰雪赛事中的执裁工作进行监管。国际单项体育组织对所属国际级裁判管员管理有其他规定的按其规定办理。

第七条 冬运中心和相关协会负责对全国冰雪项目各级裁判员的技术等级认证等工作的管理，具体负责对全国冰雪项目的国家级裁判员进行技术等级认证等管理工作，负责对全国冰雪项目一级（含）以下裁判员的技术等级认证等工作进行管理和业务指导。

第八条 承接省、自治区、直辖市政府体育主管部门一级裁判员技术等级认证工作职能的省级体育主管部门或单项协会，可负责本地区相应冰雪项目一级（含）以下裁判员的技术等级认证等管理工作。承接地（市）、县级政府体育主管部门二、三级裁判员技术等级认证工作职能的同级地方体育主管部门或地方单项协会，可负责相应冰雪项目的二级、三级裁判员的技术等级认证等管理工作。

第二章　裁判员委员会

第九条 冬运中心应当指导相关协会成立裁判员委员会（以下简称"裁委会"）。裁委会在冬运中心和相关协会的领导下，具体负责全国冰雪项目裁判员的技术等级认证等监督管理工作。裁委会名单应向冬运中心和国家体育总局备案，并向社会公布。

第十条 裁委会设主任1人，副主任2人至4人，由常委（或执委）和委员若干人组成。裁委会成员由专职人员和注册的国际级、国家级裁判员组成。冬运中心和相关协会专职人员在裁委会常委会（或执委会）任职人数不超过常委总数的1/5。每届裁委会任期不超过4年。

第十一条 各裁委会成员候选人由各省（区、市）政府体育主管部门或同级单项体育协会依据相应程序和条件推荐，由冬运中心和相关协会审核批准。裁委会常委会（或执委会）成员，由裁委会成员无记名投票选举产生。裁委会主任、副主任由全国各单项协会提名推荐候选人，由裁委会常委（或执委）无记名投票，2/3以上常委表决同意。裁委会主任、副主任、常委（或执委）人选须报经相关协会和冬运中心核准，名单须向社会公布。

第十二条 冬运中心和相关协会裁委会负责制定各冰雪项目裁判员发展规划；制定裁判员管理的相关规定和实施细则；组织裁判员培训、考核；国家级裁判员技术等级认证、注册；对本项目裁判员的奖惩提出意见；翻译并执行国际单项体育竞赛规则和裁判法，研究制定国内单项竞赛规则和裁判法的补充规定。

第十三条 各省、自治区、直辖市体育主管部门或地方单项协会应当结合本地区冰雪项目开展情况参照本章的规定成立裁委会。裁委会名单应向冬运中心和相关协会备案，并向社会公布。本级裁委会应由不少于3名国家级或国际级裁判员组成；

进行二级、三级裁判员技术等级认证等管理工作的地（市）、县级地方体育主管部门或地方单项协会也应参照本章规定成立裁委会，裁委会名单向上一级单位备案，并向社会公布。本级裁委会原则上应由不少于3名一级（含）以上技术等级的裁判员组成；

进行一级（含以下）裁判员技术等级认证等管理工作的解放军体育主管部门、全国单项协会和体育专业高等院校应当参照本章的规定成立裁委会，裁委会应由不少于3名国家级、国际级裁判员组成。裁委会名单须向冬运中心和相关协会备案，并向社会公布。

第三章　裁判员技术等级认证

第十四条 裁判员技术等级认证考核内容分别为：竞赛规则、裁判法、临场执裁考核和职业道德的考察。晋升国家级裁判员应当加试英语或该项目的国际工作语言，作为资格认证的参考。根据各项目裁判员工作的需要，晋升国家级、一级裁判员的技术等级认证可增加专项体能、技能的考核内容。

第十五条 三级裁判员技术等级认证标准：年满18周岁的中国公民，具备高中以上学历，能够掌握和运用本项目竞赛规则和裁判法，经培训并考核合格者。

第十六条 二级裁判员技术等级认证标准：不少于两次本项目或相关项目地市以上级别比赛执裁工作经验，能够掌握和正确运用本项目竞赛规则和裁判法，经培训并考核合格者。

第十七条 一级裁判员技术等级认证标准：不少于两次本项目或相关项目省级以上级别比赛执裁工作经验，能够掌握和准确运用本项目竞赛规则和裁判法，经培训并考核合格者。

第十八条 国家级裁判员技术等级认证标准：具有较高的裁判理论水平，至少三次以上全国比赛或两次以上国际比赛的执裁工作经验，能够独立组织和执裁本项目竞赛的裁判工作，经冬运中心和有关协会培训并考核合格者。另外，根据各项目特点，国家级裁判员按照具体工作岗位职责分为 A、B、C 三类，其中 C 类为基础岗位技术官员；B 类为评分岗位技术官员；A 类为技术代表、竞赛长、裁判长等类别技术官员。

第十九条 冰雪项目国家级健将以上级别的运动员、参与备战北京冬奥会冲刺阶段的国家集训队运动员，经冬运中心和有关协会培训并考核合格者，可获得国家级裁判员认证。

第二十条 冬运中心和有关协会负责制定本项目各技术等级裁判员培训、考核和技术等级认证的具体标准，以及报考国际裁判员人选的考核推荐办法，具体标准和考核推荐办法须经公布后执行。

第二十一条 各省、自治区、直辖市政府体育主管部门或同级地方单项协会可根据本项目、本地区开展裁判员技术等级认证的条件，组织一级（含）以下的裁判员技术等级认证等工作。

第二十二条 各级裁判员资格认证单位应当至少每 2 年举办 1 次裁判员技术等级认证考核。合格者授予相应的裁判员技术等级称号。

第二十三条 不符合裁判员资格认证条件的各级体育主管部门或各级单项协会不得对相应等级的裁判员进行技术等级认证等工作。

第二十四条 各全国单项协会应当统一制作并发放本项目各技术等级裁判员证书。对各等级裁判员进行技术等级认证，不得收取费用。

第四章 裁判员注册管理

第二十五条 裁判员实行注册管理制度，冬运中心和各相关单项协会根据本项目特点确定的裁判员注册年龄限制、注册时限、停止注册和取消注册等条件。

第二十六条 国际级、国家级裁判员按年度向冬运中心和各相关协会注册，一级（含）以下裁判员注册可由各省、自治区、直辖市体育行政部门或地方单项协会做出规定。

第二十七条 冬运中心和各相关协会建立冰雪项目裁判员注册信息库，并公开以下主要信息：

（一）裁判员姓名、年龄、项目、技术等级、注册申报单位；

（二）裁判员获得相应技术等级认证的时间以及参加相应等级竞赛裁判工作记录；

（三）裁委会对裁判员裁判工作的考评意见。

第二十八条　裁判员必须持有注册有效期内的相应裁判员技术等级证书方能参加各级冰雪项目比赛的执裁工作。

第五章　裁判员选派

第二十九条　全国比赛的临场技术代表、仲裁、裁判长、副裁判长、主裁判员须由国际级、国家级裁判员担任，其他裁判员的技术等级应为一级以上。

第三十条　在国内举办的国际比赛，按照国际单项体育组织的要求选派裁判员；国际单项体育组织未对比赛的裁判员技术等级做出要求的，应当选派国际级、国家级裁判员担任临场裁判。

第三十一条　冬运中心和相关协会选派裁判员参加全国性、国际性体育比赛的裁判工作，应向裁判员注册申报单位所在的省级体育行政主管部门或地方单项协会备案。

第三十二条　全国各级体育竞赛的裁判员选派应当遵循以下原则：

（一）公开的原则；

（二）择优的原则；

（三）中立的原则。

第三十三条　全国综合性运动会和全国单项冰雪赛事的裁判员，由各相关协会提出裁判员的选派条件、标准和程序，公开、公正进行选派。

第三十四条　全国各相关协会应对全国综合性运动会和全国单项冰雪赛事临场裁判员的选派采取回避、中立或抽签等方式进行。

第六章　裁判员的权利和义务

第三十五条　全国冰雪项目各级裁判员享有以下权利：

（一）参加相应等级的冰雪赛事执裁工作；

（二）参加裁判员的学习和培训；

（三）监督本级裁委会的工作开展，对于裁判员队伍和比赛中的不良现象进行举报；

（四）享受参加比赛时的相关待遇；

（五）对做出的有关处罚，有申诉的权利。

第三十六条 全国冰雪项目各级裁判员应当承担下列义务：

（一）自觉遵守有关纪律和规定，廉洁自律，公正、公平执法；

（二）主动学习、研究并熟练掌握运用本项目竞赛规则和裁判法；

（三）主动参加培训，并服从和指导培训其他裁判员；

（四）主动承担并参加各类裁判工作，主动配合有关部门组织相关情况调查；

（五）主动服从管理，并参加相应技术等级裁判员的注册。

第七章 裁判员的考核和处罚

第三十七条 各省、自治区、直辖市政府体育主管部门或地方单项协会应至少每 2 年对本单位注册裁判员进行工作考核。

第三十八条 对违规违纪裁判员的处罚

处罚分为：警告、取消若干场次比赛裁判执裁资格、取消裁判执裁资格一至两年、降低裁判员技术等级资格、撤销裁判员技术等级资格、终身禁止裁判员执裁资格。

第八章 附 则

第三十九条 各省、自治区、直辖市政府体育主管部门或地方单项协会应当依据本办法制定相应的裁判员管理办法的实施细则，并向社会公布与实施。

第四十条 本办法解释权和修改权属国家体育总局冬季运动管理中心。

第四十一条 本办法自颁布之日起执行。

附录二　体育仲裁规则

2022 年 12 月 22 日

第一章　总　则

第一条　为了及时、公正解决体育纠纷，保护当事人的合法权益，根据《中华人民共和国体育法》等有关法律，制定本规则。

第二条　中国体育仲裁委员会（以下简称体育仲裁委员会）所在地为中华人民共和国北京市，由国家体育总局（以下简称体育总局）组织设立。

第三条　体育仲裁委员会受理下列案件：

（一）对体育社会组织、运动员管理单位、体育赛事活动组织者按照兴奋剂管理或者其他管理规定作出的取消参赛资格、取消比赛成绩、禁赛等处理决定不服发生的纠纷；

（二）因运动员注册、交流发生的纠纷；

（三）在竞技体育活动中发生的其他纠纷。

《中华人民共和国仲裁法》规定的可仲裁纠纷和《中华人民共和国劳动争议调解仲裁法》规定的劳动争议，不属于体育仲裁范围。

第四条　当事人共同将纠纷提交体育仲裁委员会仲裁的，视为同意按照本规则进行仲裁。

当事人约定按照本规则进行仲裁但未约定仲裁机构，或者当事人约定的仲裁机构名称虽不准确，但能够确定是体育仲裁委员会的，视为同意将纠纷提交体育仲裁委员会仲裁。

第五条　体育仲裁委员会应当建立《中国体育仲裁委员会仲裁员名册》（以下简称《仲裁员名册》），并予以公告。

体育仲裁委员会可在《仲裁员名册》中设立《反兴奋剂仲裁员名册》等专门的仲裁员名册。

第六条　体育仲裁委员会仲裁员应当公道正派并符合下列条件之一：

（一）律师执业满八年；

（二）曾任法官满八年；

（三）通过国家统一法律职业资格考试取得法律职业资格，从事仲裁工作满八年；

（四）从事法学、体育学研究或者教学工作并具有高级职称；

（五）具有法律知识且从事体育实务满八年。

第七条 体育仲裁委员会所在地为仲裁地，所有仲裁裁决均视为在仲裁地作出。

第八条 本规则规定的期限或者根据本规则确定的期限，应当自期限开始之次日起计算。期限开始之日，不计算在期限内。

如果期限开始之次日为送达地公共假日或者非工作日，则从其后的第一个工作日开始计算。期限届满日是公共假日或者非工作日的，以其后的第一个工作日为期限届满日。

期限不包括在途时间，仲裁文书、通知、材料在期限届满前交邮、交发的，不算逾期。

当事人因不可抗力或者其他正当理由耽误期限的，可以在障碍消除后五日内申请顺延，由体育仲裁委员会主任（以下简称主任）或仲裁庭对此作出决定。

第九条 仲裁文件可以通过当面送达、邮寄、传真、电子邮件等形式，或以当事人约定的形式送达当事人或其仲裁代理人。体育仲裁委员会或仲裁庭有权根据案件具体情况决定采取适当的送达方式。

向当事人或者其代理人发送仲裁文件，采用当面送达的，当面送交受送达人，即视为已经送达；采用邮寄送达的，送达至受送达人身份证载明地址、户籍地址、居住地址、营业地址、注册地址、当事人约定的送达地址或通信地址之一的，即视为已经送达；采用传真、电子邮件等形式送达的，电子传输记录能够显示已完成发送的，即视为已经送达。

采用本条第二款规定的方式无法送达的，体育仲裁委员会以中国邮政特快专递、公证送达、委托送达和留置送达等能提供投递记录的方式投递给受送达人最后一个为人所知的身份证载明地址、户籍地址、居住地址、营业地址、注册地址、当事人约定的送达地址或通信地址之一的，即视为有效送达。

第十条 当事人知道或应当知道体育仲裁委员会受理纠纷或体育仲裁委员会、仲裁庭的决定，存在违反本规则、仲裁协议等情形的，仍参加或继续参加仲裁活动的，且未及时提出书面异议的，视为其放弃异议的权利。

第二章　受案依据和管辖权

第十一条　当事人可依据仲裁协议向体育仲裁委员会申请仲裁。仲裁协议包括合同中订立的仲裁条款和在纠纷发生前或发生后达成的具有仲裁意思表示的协议。

仲裁协议应当采取书面形式。书面形式包括合同书、信件、电传、传真、电子数据交换和电子邮件等可以有形地表现所载内容的形式。

在交换仲裁申请书和仲裁答辩书时，一方当事人声称有仲裁协议而另一方当事人不做否认表示的，视为存在书面仲裁协议。

合同中的仲裁条款、附属于合同的仲裁协议与合同其他条款相互分离、独立存在；合同的变更、解除、终止、转让、失效、无效、未生效、被撤销以及成立与否，均不影响仲裁条款或仲裁协议的效力。

第十二条　当事人可依据体育组织章程与体育赛事规则申请体育仲裁。

体育组织章程授权制定的管理规则中的体育仲裁条款，视为体育组织章程的体育仲裁条款。

体育赛事报名表、参赛协议或竞赛规程中的体育仲裁条款，视为体育赛事规则的体育仲裁条款。

第十三条　对体育社会组织、运动员管理单位、体育赛事活动组织者的处理决定或者内部纠纷解决机制处理结果不服的，当事人可以自收到处理决定或者纠纷处理结果之日起二十一日内申请体育仲裁。

第十四条　体育组织没有内部纠纷解决机制或者内部纠纷解决机制未及时处理的，当事人可以向体育仲裁委员会申请体育仲裁。

当事人以体育组织内部纠纷解决机制未及时处理纠纷为由申请体育仲裁，体育仲裁委员会审查后认为情况属实且符合申请仲裁条件的，可以受理。

第十五条　体育仲裁委员会有权对仲裁协议的存在、效力以及仲裁案件的管辖权作出决定，也可以授权仲裁庭作出管辖权决定。

体育仲裁委员会依表面证据认为存在有效仲裁协议的，可根据表面证据作出体育仲裁委员会有管辖权的决定，仲裁程序继续进行。体育仲裁委员会依表面证据作出的管辖权决定并不妨碍其根据仲裁庭在审理过程中发现的与表面证据不一致的事实或证据重新作出管辖权决定。

仲裁庭依据体育仲裁委员会的授权作出管辖权决定时，可以在仲裁程序进行中单独作出，也可以在裁决书中一并作出。

当事人对仲裁协议或仲裁案件管辖权存有异议，应当在答辩期限届满前以书面形式提出。对仲裁协议或仲裁案件管辖权提出异议不影响仲裁程序的进行。管辖权异议包括仲裁案件主体资格异议。

体育仲裁委员会或经体育仲裁委员会授权的仲裁庭作出无管辖权决定的，应当撤销案件。撤案决定在仲裁庭组成前由体育仲裁委员会作出，仲裁庭组成后由仲裁庭作出，并加盖体育仲裁委员会印章。

第三章　申请和受理

第十六条　申请人依据本规则申请仲裁时应当：

（一）由申请人或其委托的代理人向体育仲裁委员会提交仲裁申请书。仲裁申请书应载明：

1. 当事人的姓名、性别、年龄、职业、工作单位和住所，法人或者非法人组织的名称、住所和法定代表人或者主要负责人的姓名、职务和联系方式；

2. 仲裁请求和所依据的事实、理由；

3. 证据和证据来源、证人姓名和住所以及联系方式。

（二）提交仲裁申请所依据的仲裁协议、体育组织章程、体育赛事规则等文件的副本；

（三）申请人的身份证明文件；

（四）对体育组织处理决定不服的纠纷，申请人还应提交体育组织处理决定的副本。

第十七条　仲裁程序自体育仲裁委员会收到仲裁申请书之日开始。

体育仲裁委员会收到仲裁申请书之日起五日内，认为符合受理条件的，应当受理，并通知当事人；认为不符合受理条件的，应当书面通知申请人不予受理，并说明理由。

体育仲裁委员会收到仲裁申请书后，认为不符合本规则第十六条规定的，可以要求当事人限期补正；逾期不补正的，视为撤回申请，申请人的仲裁申请书及其附件，体育仲裁委员会不予留存。

第十八条　体育仲裁委员会受理仲裁申请后，应当在五日内将仲裁通知、仲裁规则、仲裁员名册各一份发送双方当事人；申请人的仲裁申请书及其附件也应同时发送给被申请人。

第十九条 被申请人应当自收到仲裁申请书副本之日起十五日内提交答辩书。被申请人确有正当理由请求延长的，由仲裁庭作出决定；仲裁庭尚未组成的，由主任作出决定。仲裁庭有权决定是否接受逾期提交的答辩书。

答辩书由被申请人或其委托的代理人提交，应当包括下列内容及附件：

（一）被申请人的姓名或名称和住所，包括邮政编码、电话、传真、电子邮箱或其他电子通信方式；

（二）对仲裁申请书的答辩及所依据的事实和理由；

（三）答辩所依据的证据材料以及其他证明文件。

体育仲裁委员会收到答辩书后，应当在五日内将答辩书副本发送申请人。被申请人未提交答辩书的，不影响仲裁程序的进行。

第二十条 被申请人可以依据同一仲裁协议、体育组织章程、体育赛事规则提出反请求。反请求的被申请人限于仲裁程序的申请人。

被申请人提出反请求的，应当在收到仲裁通知之日起十五日内向体育仲裁委员会提交反请求申请书。逾期提交的，是否受理，仲裁庭组成前由体育仲裁委员会决定，仲裁庭组成后由仲裁庭决定。

体育仲裁委员会或者仲裁庭不同意受理的，当事人可以就反请求所涉事项向体育仲裁委员会另案提出申请。当事人另案提出申请的，不影响本案的审理。

反请求的提出和受理，参照本规则第十六条、第十七条的规定办理。同一案件中的请求和反请求应当合并审理。

体育仲裁委员会应在受理反请求申请后五日内将反请求申请书和有关材料发送反请求被申请人。反请求被申请人应当按照本规则第十九条的规定向体育仲裁委员会提交答辩书和有关材料；未提交的，不影响仲裁程序的进行。

对反请求的其他事项，参照本规则关于仲裁请求的相关规定办理。

第二十一条 当事人可以自收到仲裁通知之日起十五日内以书面形式提出变更仲裁请求或者变更反请求。仲裁庭组成前由体育仲裁委员会受理，仲裁庭组成后由仲裁庭受理。逾期提出的，由体育仲裁委员会或仲裁庭决定是否受理。

变更仲裁请求的提出、受理、答辩等事项，参照本规则第十六条至第十九条的规定办理。

第二十二条 符合下列条件之一的，经一方当事人请求，体育仲裁委员会可以决定将两个或两个以上的仲裁案件合并为一个案件进行审理：

（一）各案仲裁请求依据同一个仲裁协议提出；

（二）各案仲裁请求依据同一体育组织章程或体育赛事规则提出，且涉及的决定为同一体育组织作出的关联决定；

（三）各案仲裁请求依据多份仲裁协议提出，案涉多份仲裁协议内容相同或相容，且各案当事人相同、所涉及的法律关系性质相同；

（四）各案仲裁请求依据多份仲裁协议提出，案涉多份仲裁协议内容相同或相容，且涉及的多份合同为主从合同关系；

（五）各案仲裁请求依据多份仲裁协议提出，案涉多份仲裁协议内容相同或相容，且涉及的体育组织处理决定为同一体育组织作出的同一决定；

（六）各案当事人均同意合并仲裁。

根据本条第一款合并仲裁时，体育仲裁委员会应考虑双方当事人的意见、不同案件的仲裁员的选定或指定情况、相关仲裁案件之间的关联性等因素。

除非双方当事人另有约定，各案应合并至最先开始仲裁程序的案件中。

仲裁案件合并后，在仲裁庭组成之前，由体育仲裁委员会就仲裁程序事项作出决定；仲裁庭组成后，由仲裁庭作出决定。

第二十三条 案件有两个或两个以上的申请人或被申请人的，任何当事人均可依据相同的仲裁协议、体育组织章程、体育赛事规则提出仲裁请求。仲裁庭组成前由体育仲裁委员会决定是否受理，仲裁庭组成后由仲裁庭决定。

上述仲裁请求的提出、受理、答辩、变更等事项参照本规则第十六条至第二十一条的规定办理。

第二十四条 当事人提交申请书、答辩书、反请求申请书、证据材料以及其他书面材料，应当一式五份。当事人不止两方的，应当增加相应份数；仲裁庭组成人数为一人的，可以减少两份。

第二十五条 当事人可以委托中国或外国的仲裁代理人办理有关仲裁事项。

当事人或其仲裁代理人应向体育仲裁委员会提交载明具体委托事项和权限的授权委托书。

当事人可以委托一至三名仲裁代理人，经申请且仲裁庭同意的，可以适当增加代理人数。

第二十六条 体育仲裁委员会受理案件后，发现不应受理的，应当撤销案件，并自决定撤销案件后五日内，以决定书的形式通知当事人。

第四章 仲裁庭

第二十七条 仲裁庭由一名或三名仲裁员组成。

除非当事人另有约定或本规则另有规定，仲裁庭由三名仲裁员组成。

第二十八条 仲裁庭由三名仲裁员组成的，申请人和被申请人应在收到仲裁通知后十五日内各自选定或委托主任从《仲裁员名册》中指定一名仲裁员。当事人未在上述期限内选定或委托主任指定的，由主任指定。

第三名仲裁员由双方当事人在被申请人收到仲裁通知后十五日内共同选定或共同委托主任从《仲裁员名册》中指定。第三名仲裁员为仲裁庭的首席仲裁员。

双方当事人可以各自推荐一至五名候选人作为首席仲裁员人选，并按照本条第二款规定的期限提交推荐名单。双方当事人的推荐名单中有一名人选相同的，该人选为双方当事人共同选定的首席仲裁员；有一名以上人选相同的，由主任根据案件的具体情况在相同人选中确定一名首席仲裁员，该名首席仲裁员仍为双方共同选定的首席仲裁员；推荐名单中没有相同人选时，首席仲裁员由主任从双方当事人推荐名单之外的《仲裁员名册》中另行指定产生，但已经取得未推荐该首席仲裁员的当事人同意的除外。

双方当事人未能按照上述规定共同选定首席仲裁员的，由主任指定首席仲裁员。

与反兴奋剂有关的体育仲裁中，应至少有一名具有法学背景或法律专业经验的仲裁员。双方当事人应按照本条第三款、第四款的规定，从《反兴奋剂仲裁员名册》中至少选择一名仲裁员。

第二十九条 仲裁庭由一名仲裁员组成的，参照本规则第二十八条第二款至第四款的规定选定或指定独任仲裁员。

与反兴奋剂有关的体育仲裁中，独任仲裁员应当有法学背景和法律专业经验。双方当事人应参照本规则第二十八条第三款、第四款的规定，从《反兴奋剂仲裁员名册》中选择一名仲裁员。

第三十条 仲裁案件的申请人、被申请人有两个或两个以上时，申请人、被申请人应各自协商，共同选定或共同委托主任指定一名仲裁员。

首席仲裁员或独任仲裁员应按照本规则第二十八条第二款至第四款的规定选定或指定。申请人、被申请人按照本规则第二十八条第三款的规定选定首席仲裁员或独任仲裁员时，应共同协商，提交共同选定的候选人名单。

如果申请人、被申请人未能在收到仲裁通知后十五日内共同选定或共同委托主任指定一名仲裁员，则由主任指定三名仲裁员组成仲裁庭，并从中确定一人担任首席仲裁员。

第三十一条 体育仲裁委员会应当在仲裁庭组成之日起五日内,将组庭情况书面通知当事人。

第三十二条 仲裁员收到组庭通知后应当签署声明书,承诺独立、公正仲裁,并主动书面披露其知悉的可能引起对其独立性、公正性产生合理怀疑的情形。

仲裁员认为应当披露的情形足以构成应当回避的事由,应当主动回避。

应当披露的情形在签署声明书后出现的,仲裁员应当及时主动书面披露。

体育仲裁委员会在收到存在披露事项的声明书后,应及时发送给当事人。

第三十三条 仲裁员有下列情形之一的,应当回避,当事人也有权提出回避申请:

(一)是本案当事人或者当事人、代理人的近亲属;
(二)仲裁员或其近亲属与本案有利害关系;
(三)与本案当事人、代理人有其他关系,可能影响公正仲裁;
(四)私自会见当事人、代理人,或者接受当事人、代理人请客送礼;
(五)其他影响公正仲裁的情形。

当事人对仲裁员提出回避申请,应当在知悉回避事由后十日内且不迟于首次庭审开始前提出;首次庭审开始后才知悉回避事由的,不迟于知悉该事由后十日内提出。

当事人以仲裁员按照本规则第三十二条规定所披露的事项为由提出回避申请的,应当在收到仲裁员信息披露声明书后十日内提出;逾期未提出的,不得再以仲裁员已经披露的事项为由提出回避申请。

当事人在获知仲裁庭组成后聘请的代理人与仲裁员形成应当回避的情形的,视为放弃就此申请回避的权利,但不影响其他当事人就此申请回避的权利。

回避申请应当以书面形式向体育仲裁委员会提出,说明理由并提供相关证据。体育仲裁委员会在收到当事人的回避申请书后,应当立即转交其他当事人和仲裁庭全体成员,并听取意见。

如果一方当事人请求仲裁员回避,另一方当事人同意回避请求,或被请求回避的仲裁员主动提出不再担任该仲裁案件的仲裁员,则该仲裁员不再担任仲裁员审理本案。上述情形并不表示当事人提出回避的理由成立。

除本条第六款规定的情形外,仲裁员是否回避,由主任作出终局决定。

仲裁秘书、翻译人员、鉴定人、勘验人的回避,参照适用本条规定。

第三十四条 仲裁员由于回避、主动退出或其他特定原因不能履行职责的，应当替换。

仲裁员在法律上或事实上不能履行其职责，或者没有按照本规则的要求履行职责的，主任有权决定将其替换，并给予双方当事人和仲裁庭全体成员提出书面意见的机会。

被替换的仲裁员原来由当事人指定的，当事人应当按原指定仲裁员的方式自收到通知之日起五日内重新指定，逾期未重新指定的，由主任指定；原来由主任指定的，由主任另行指定。

除非当事人另有约定，仲裁员替换后，由仲裁庭决定此前已进行的全部或部分审理程序是否需要重新进行。仲裁庭决定全部审理程序重新进行的，裁决作出期限从仲裁庭决定重新进行审理程序之日起计算。

第三十五条 最后一次开庭终结后，如果三人仲裁庭中的一名仲裁员因特殊原因不能参加合议并作出裁决，主任可以按照本规则第三十四条的规定替换该仲裁员；但在征得双方当事人及主任同意后，其他两名仲裁员也可以继续进行仲裁程序，作出决定或裁决。

第五章 审 理

第三十六条 除非当事人另有约定，仲裁庭有权决定采取适当的方式审理案件。在任何情形下，仲裁庭均应公平公正地对待双方当事人，给予双方当事人陈述与辩论的合理机会。

仲裁庭原则上应当开庭审理案件，开庭方式可由仲裁庭根据案件具体情况确定。

当事人约定不开庭，或者仲裁庭认为没有必要开庭审理并征得双方当事人同意的，可以根据当事人提交的文件进行书面审理。

第三十七条 现场开庭一般在体育仲裁委员会所在地进行。经体育仲裁委员会审查同意，仲裁庭有权自行选择或者根据当事人的约定，在体育仲裁委员会所在地以外的地点开庭。

当事人约定在体育仲裁委员会所在地以外的地点现场开庭的，承担由此发生的费用。当事人应当在体育仲裁委员会规定的期限内按照约定或者仲裁庭确定的比例预交上述费用；未预交的，仍在体育仲裁委员会所在地现场开庭。

第三十八条 仲裁不公开进行，但本规则另有规定的除外。

不公开审理的案件，双方当事人及其仲裁代理人、仲裁员、证人、翻译、仲裁庭咨询的专家和鉴定人以及其他有关人员，均不得向外界透露案件实体和程序的有关情况。

当事人及其委托代理人书面申请要求拍照、复制庭审笔录的，仲裁庭应当准许，但复制庭审笔录的当事人、代理人应当签订承诺书，保守庭审秘密，不得向外界透露。

第三十九条 当事人约定公开的，经主任审查认为不涉及国家秘密、案外人商业秘密和个人隐私的，体育仲裁可以公开进行。

与反兴奋剂有关的体育仲裁中，运动员或其他自然人当事人申请公开审理的，仲裁庭应当公开审理。涉及国家秘密、个人隐私或存在其他不宜公开审理情形的案件除外。

公开审理的案件，应当允许公众旁听，或通过网络视频直播等形式对外公开。

第四十条 仲裁庭应当在首次开庭十日前，将开庭日期、地点书面通知双方当事人。

当事人有正当理由的，应当在开庭审理五日前请求提前或延期开庭，并由仲裁庭对此作出决定。

第四十一条 申请人经书面通知，无正当理由不到庭或者未经仲裁庭许可中途退庭的，可以视为撤回仲裁申请。被申请人提出反请求的，不影响仲裁庭对被申请人的反请求进行缺席审理。

被申请人经书面通知，无正当理由不到庭或者未经仲裁庭许可中途退庭的，仲裁庭可以缺席审理。被申请人提出反请求的，视为撤回反请求。

第四十二条 仲裁秘书应当按照庭审情况制作庭审笔录。根据当事人或者仲裁庭的要求，调解情况可以不记入庭审笔录。

庭审笔录由仲裁员、仲裁秘书、当事人和其他仲裁参与人签名或者盖章。

当事人和其他仲裁参与人认为庭审笔录对自己陈述的记录有遗漏或者差错的，可以向仲裁庭申请补正。

当事人或者其他仲裁参与人拒绝在庭审笔录中签名或者盖章的，应当在庭审笔录中记入有关情况，并由仲裁员、仲裁秘书签名。

仲裁庭可以决定采用同步录音录像的方式对庭审进行记录，并在庭审前告知当事人。

第四十三条 当事人对自己的主张承担举证责任。

因不服体育社会组织、运动员管理单位、体育赛事活动组织者的处理决定而申请仲裁的案件，除当事人举证之外，体育社会组织、运动员管理单位、体育赛事活动组织者也应当对其处理决定的依据承担举证责任。

仲裁庭可以规定当事人提交证据的期限。当事人应在规定的期限内提交证据。逾期提交的，仲裁庭可以不予接受。当事人在举证期限内提交证据材料确有困难的，可以在期限届满前申请延长举证期限。是否延长，由仲裁庭决定。

当事人未能在规定的期限内提交证据，或者虽提交证据但不能证明其主张的，负有举证责任的当事人承担因此产生的后果。

第四十四条 开庭审理的案件，在庭审前已经交换的证据应当在庭审调查中出示，由当事人互相质证。

案件证据较多且仲裁庭认为有必要的，可以在庭审前由首席仲裁员、独任仲裁员或者委托仲裁秘书召集当事人进行庭前质证。经过庭前质证的证据，仲裁庭在庭审调查中说明后，可以不再出示和质证。

当事人当庭或者庭审结束后提交的证据材料，仲裁庭决定接受但不再开庭的，可以要求当事人在指定期限内提交书面质证意见。

书面审理的案件应当书面质证，当事人应在仲裁庭指定的期限内提交书面质证意见。

通过书面形式进行质证的，当事人有权要求查看、核对证据原件。

第四十五条 当事人申请证人出庭作证的，应当以书面形式提出，由仲裁庭对此作出决定。书面申请应当包括证人身份信息、联系方式、作证内容、作证内容与证明事项的关联性以及证人出庭的必要性等内容，并附证人身份证明文件。仲裁庭同意证人出庭作证的，可以根据当事人提供的联系方式通知证人出庭。

证人出庭作证时，仲裁庭、当事人可以就作证内容向证人提问，证人应当如实作出回答。

第四十六条 当事人可以就查明事实的专门性问题申请鉴定。当事人申请鉴定的，应提交书面申请及必要的证明材料。申请进行鉴定的事项与待证事实无关联或对证明待证事实无意义的，仲裁庭可以不予准许。当事人未提出申请，但仲裁庭认为有必要鉴定的，可以决定进行鉴定。

当事人申请进行鉴定，仲裁庭应当在合理期限内作出决定。仲裁庭决定进行鉴定的，应当通知当事人在规定期限内选定鉴定机构并告知鉴定事项。当事人选定鉴定机构并确定需要鉴定的事项后，由仲裁庭统一委托鉴定机构。

当事人应当在仲裁庭规定的期限内共同选定具备相应资格的鉴定机构或者共同确定选择鉴定机构的规则。当事人未达成一致意见的，由仲裁庭指定。

当事人应当按照仲裁庭确定的比例和期限预交鉴定费用。除仲裁庭认为有必要而决定进行鉴定之外，当事人在指定期限内未预交鉴定费用的，不进行鉴定。鉴定费用的最终承担主体和比例，由仲裁庭在裁决中确定。

第四十七条　当事人申请听取有关专业技术人员专业技术意见的，应当在提交的书面申请中明确有关专业技术人员的身份信息、联系方式以及拟证明的专业技术性问题等内容，并附有关专业技术人员的身份证明文件及其具有相关专业技术水平的证明文件。是否接受当事人申请，由仲裁庭决定。

仲裁庭听取专业技术意见应当在庭审调查程序中进行，组织当事人对出庭的专业技术人员进行询问；当事人各自申请的专业技术人员可以就鉴定意见或者专业技术性问题对质。经当事人一致同意，也可以书面质证。

有关专业技术人员不得参与鉴定意见或者专业技术性问题之外的审理活动。

有关专业技术人员出庭的费用，由提出申请的当事人自行承担。

第四十八条　有下列情形之一的，可以中止仲裁程序：

（一）双方当事人共同申请或者一方当事人申请、其他当事人未表示反对的；

（二）当事人因不可抗力不能参加仲裁的；

（三）本案的审理需以其他未决事项为依据的；

（四）存在其他特殊情况需要中止仲裁程序的。

第四十九条　中止情形消失后，任何一方当事人申请恢复仲裁程序或者体育仲裁委员会、仲裁庭认为有必要恢复的，可以恢复仲裁程序。

仲裁程序的中止及恢复，由仲裁庭决定；仲裁庭尚未组成的，由主任决定。

第五十条　当事人可以撤回全部仲裁请求或全部仲裁反请求。申请人撤回全部仲裁请求的，不影响仲裁庭就被申请人的仲裁反请求进行审理和裁决。被申请人撤回全部仲裁反请求的，不影响仲裁庭就申请人的仲裁请求进行审理和裁决。

因当事人自身原因致使仲裁程序不能进行的，可以视为其撤回仲裁请求或反请求。

当事人撤回仲裁申请的，仲裁庭组成前由体育仲裁委员会决定，仲裁庭组成后由仲裁庭决定。

仲裁请求和反请求全部撤回的，案件可以撤销。仲裁庭组成前撤销案件的，由主任作出撤案决定；仲裁庭组成后撤销案件的，由仲裁庭作出撤案决定。作出的撤案决定，均应加盖体育仲裁委员会印章。

第五十一条 仲裁庭可以在仲裁程序中对案件进行调解，双方当事人也可以自行和解。

与反兴奋剂有关的体育仲裁中，仲裁庭进行调解或当事人自行和解，还需要征得中国反兴奋剂中心的同意。

仲裁庭在征得双方当事人同意后可以按照其认为适当的方式进行调解。

调解过程中，任何一方当事人提出终止调解或仲裁庭认为已无调解成功的可能时，仲裁庭应终止调解。

双方当事人经仲裁庭调解达成和解或自行和解的，应签订和解协议。

当事人经调解达成或自行达成和解协议的，可以撤回仲裁请求或反请求，也可以请求仲裁庭根据当事人和解协议的内容作出裁决书或制作调解书。

当事人请求制作调解书的，调解书应当写明仲裁请求和当事人书面和解协议的内容，由仲裁员署名，并加盖体育仲裁委员会印章，送达双方当事人后发生法律效力。

调解不成功的，仲裁庭应当继续进行仲裁程序并作出裁决，任何一方当事人均不得在其后的仲裁程序、司法程序及其他任何程序中援引对方当事人或仲裁庭在调解过程中曾发表的意见、提出的观点、作出的陈述、表示认同或否定的建议或主张，作为其请求、答辩或反请求的依据。

第六章　决定和裁决

第五十二条 体育仲裁委员会与仲裁庭可以在案件审理过程中，就涉及的程序事项作出决定。

经当事人一致同意或其他仲裁员授权，首席仲裁员可以就程序事项作出决定。

决定自作出之日起发生法律效力。

第五十三条 仲裁庭应当根据案件事实，依照法律以及有关体育组织的规定、体育赛事规则，公平合理、独立公正地作出裁决。

仲裁庭由三名仲裁员组成的，作出决定、裁决前应当进行合议，并按照多数仲裁员意见作出；不能形成多数意见的，应当按照首席仲裁员的意见作出。

仲裁庭由一名仲裁员组成的，决定、裁决由独任仲裁员作出。

第五十四条 仲裁庭作出裁决应当制作裁决书。裁决书应当写明仲裁请求、案件事实、裁决理由、裁决结果、仲裁费用的承担、裁决日期和逾期履行的法律后果。根据当事人达成的和解协议作出的裁决或当事人另有约定的，可以不写明有关案件事实、裁决理由。

仲裁庭作出的决定书、裁决书、调解书由仲裁员签名，加盖体育仲裁委员会印章。持不同意见的仲裁员，可以签名，也可以不签名。不签名的仲裁员应当出具书面意见交体育仲裁委员会存档，该书面意见不构成决定书、裁决书的组成部分，由体育仲裁委员会决定是否将该书面意见附于决定书、裁决书后。

第五十五条 仲裁庭应在组庭后的三个月内作出裁决。

特殊情况需要延长的，由首席仲裁员或者独任仲裁员在期满前提出书面申请，经主任批准可以适当延长。

鉴定期间、中止期间、公告期间、提请专家咨询期间、双方当事人共同申请延期开庭审理或者调解、和解的时间不计算在内。

第五十六条 仲裁庭认为必要或者当事人申请经仲裁庭同意时，仲裁庭可以在最终裁决作出前，就某些请求事项作出部分裁决。

仲裁庭认为必要或者当事人申请经仲裁庭同意时，仲裁庭可以就案件程序问题或者实体问题作出中间裁决。

当事人应当履行部分裁决或中间裁决。当事人不履行的，不影响仲裁程序的进行和最终裁决的作出。

第五十七条 裁决书自作出之日起发生法律效力。

裁决书作出后，当事人应当按照裁决书确定的履行期限履行裁决；没有规定履行期限的，应当立即履行。任何一方不履行的，当事人可以依照《中华人民共和国民事诉讼法》的有关规定向有管辖权的人民法院申请强制执行。

第五十八条 仲裁庭有权在裁决书中确定双方当事人应当承担的仲裁费用和实际发生的其他费用，包括但不限于鉴定费用、评估费用、审计费用、差旅费、公证费和律师费用等。

除非当事人另有约定，仲裁费用原则上由败诉的当事人承担；当事人部分胜诉，部分败诉的，由仲裁庭根据具体情况确定各自承担的比例。自行和解或者经仲裁庭调解结案的，当事人可以协商确定各自承担的比例。

当事人违反本规则规定导致案件审理程序拖延的，其仲裁费用承担不受前款规定的限制。因程序拖延导致其他费用发生或者增加的，当事人还应承担其他相应的费用。

第五十九条 仲裁庭应在裁决书作出前将裁决书草案提交体育仲裁委员会核阅。在不影响仲裁庭独立性的前提下，体育仲裁委员会可以对裁决书进行形式审查并做相应修订，也可以提示仲裁庭注意实体问题。

第六十条 对裁决书中的文字、符号、图表、计算、打印错误或者类似错误，仲裁庭应当更正。

对当事人申请仲裁的事项遗漏裁决的，仲裁庭应当作出补充裁决。仲裁庭认为有必要开庭审理的，可以就遗漏裁决的事项进行开庭审理。

当事人自收到裁决书之日起三十日内可以请求仲裁庭补正或者作出补充裁决。

仲裁庭作出的补正或者补充裁决为原裁决书的组成部分。

决定书、调解书的补正参照适用本条规定。

第六十一条 人民法院通知重新仲裁的，仲裁庭应当重新审理，并作出裁决。

第七章 特别程序

第六十二条 发生在重大体育赛事活动期间或开幕式前十日内，需要即时处理的体育赛事活动纠纷，适用体育仲裁特别程序规则。

第六十三条 应重大体育赛事活动组委会邀请，体育仲裁委员会可在赛事活动期间设立《特别程序仲裁员名册》，仲裁需要即时处理的纠纷。

《特别程序仲裁员名册》从《仲裁员名册》中选定九至十二名组成，其中应包含三名《反兴奋剂仲裁员名册》中的仲裁员。

体育仲裁委员会可以根据情况，在重大体育赛事活动期间对《特别程序仲裁员名册》进行调整。

第六十四条 特别程序中，仲裁文件一般通过电子邮件、电话等形式送达当事人或其仲裁代理人，通过电话形式送达的，体育仲裁委员会应当随后补充发送书面仲裁文件。

第六十五条 申请人依据特别程序申请仲裁时，仲裁申请书除应写明本规则第十六条规定的内容以外，还应写明申请人和被申请人在重大体育赛事活动期间的地址。

第六十六条 受理申请后，主任应当从《特别程序仲裁员名册》中指定三名仲裁员组成仲裁庭，并同时指定首席仲裁员。与反兴奋剂有关的体育仲裁中，应至少有一名反兴奋剂仲裁员，且有一名具有法学背景或法律专业经验的仲裁员。

如果情况合适，主任可以指定独任仲裁员。与反兴奋剂有关的体育仲裁中，独任仲裁员应当是具有法学背景或法律专业经验的反兴奋剂仲裁员。

第六十七条 仲裁员收到组庭通知后，应当立即书面披露其知悉的可能引起对其独立性、公正性产生合理怀疑的任何情形，并在存在该情形时立即回避。

当事人在知道或应当知道仲裁员存在回避情形时应立即提出回避。

主任应当立即对当事人提出的回避请求作出决定。情况允许时，主任应当在作出决定前听取有关当事人和仲裁员的意见。

第六十八条 依据同一赛事规则申请的仲裁，如果与适用特别程序的其他在先未决案件关联，主任可以决定将在后申请指派给在先申请的仲裁庭合并裁决。

主任在决定本条第一款的指派时，应当尽可能地考虑包括两案之间的关系、在先案件的进展在内的所有情形。

第六十九条 仲裁庭应采取其认为适当的方式组织仲裁程序。

仲裁庭应当在受理申请后立即向双方当事人发送开庭通知。向被申请人发送的开庭通知应附申请书副本。

仲裁庭应在庭审时听取双方当事人的意见。若事实清楚，证据充分，仲裁庭可以决定不举行庭审，并立即作出裁决。

仲裁庭可以采取适当的措施推进取证、举证、质证等与证据有关的仲裁程序。

当事人没有参加庭审的，仲裁庭可以缺席审理。

第七十条 仲裁庭应在仲裁申请提出后二十四小时内作出裁决。确有特殊情况的，主任可适当延长裁决作出的时限。

第七十一条 仲裁庭作出的裁决是终局裁决，自裁决作出之日起发生法律效力。

裁决作出后应当立即通知当事人。仲裁庭可以仅通知当事人裁决结果，但应在裁决作出十五日内补充说明理由。

第七十二条 在综合考虑申请人的仲裁请求、纠纷的性质、复杂性和紧急性、当事人参与庭审的权利等案件的所有情况后，仲裁庭既可以作出终局裁决，也可以将纠纷移交体育仲裁委员会按照普通程序进行仲裁，还可以对纠纷的部分作出裁决，将纠纷的未解决部分移交体育仲裁委员会按照普通程序仲裁。

移交普通程序后，仍由原仲裁庭仲裁，仲裁期限自体育赛事仲裁特别程序受案之日起计算。

第七十三条　本章未规定的事项，适用本规则其他规定。

第八章　附　则

第七十四条　当事人可以向体育仲裁委员会申请临时措施，具体程序由体育仲裁委员会制定。

第七十五条　体育仲裁委员会的仲裁语言为中文。

当事人可以约定以英文为仲裁语言。

当事人约定仲裁语言为其他语言的，由体育仲裁委员会或仲裁庭根据案件具体情况决定。

当事人提交的各种文书、书证，体育仲裁委员会或者仲裁庭认为有必要的，可以要求当事人提供相应的中文译本或者其他语言的译本。

庭审时当事人或者其代理人、证人需要翻译的，可以由体育仲裁委员会提供翻译，也可以由当事人自行提供翻译。翻译费用由当事人自行承担。

第七十六条　当事人应当按照规定交纳体育仲裁费用。

第七十七条　本规则规定的"一日""二日""三日""五日""十日""十五日"指工作日，"二十一日""三十日"指自然日。

第七十八条　本规则自 2023 年 1 月 1 日起施行。

自本规则施行之日起，体育仲裁委员会受理的案件适用本规则。

附录三　冰壶运动员技术等级标准

2021 年 5 月 23 日

一、国际级运动健将

凡符合下列条件之一者，可申请授予国际级运动健将称号：冬季奥运会、世界锦标赛前 8 名（含男子、女子、混合双人）。

二、运动健将

凡符合下列条件之一者，可申请授予运动健将称号：
（一）冬季奥运会第 9～10 名（含男、女、混合双人）；
（二）世界锦标赛第 9～13 名（含男、女、混合双人）；
（三）世界大学生冬季运动会、世界青年锦标赛前 6 名；
（四）亚洲冬季运动会、亚太锦标赛、全国冬季运动会前 3 名；
（五）全国锦标赛、全国冠军赛、全国混合双人冰壶锦标赛前 2 名；
（六）全国混合四人冰壶锦标赛第 1 名。

三、一级运动员

凡符合下列条件之一者，可申请授予一级运动员称号：
（一）世界大学生冬季运动会、世界青年锦标赛第 7～10 名；
（二）世界青年锦标赛 B 组第 1～3 名；
（三）全国冬季运动会第 4～6 名；
（四）全国锦标赛、全国冠军赛、全国混合双人冰壶锦标赛第 3～4 名；
（五）全国混合四人冰壶锦标赛第 2～3 名；
（六）世界中学生冬季运动会、全国青年运动会、全国青年锦标赛、全国青少年锦标赛、全国 U 系列比赛第 1 名。

四、二级运动员

凡符合下列条件之一者，可申请授予二级运动员称号：

（一）全国冬季运动会第 7～10 名；

（二）全国锦标赛、全国冠军赛、全国混合双人冰壶锦标赛第 5～8 名；

（三）全国混合四人冰壶锦标赛第 4～6 名；

（四）世界中学生冬季运动会、全国青年运动会、全国青年锦标赛、全国青少年锦标赛、全国 U 系列比赛第 2～3 名；

（五）全国大学生冰壶锦标赛第 1～2 名、全国中学生冰壶锦标赛第 1 名；

（六）省（区、市）体育行政部门主办的综合性运动会、锦标赛第 1 名。

五、三级运动员

凡符合下列条件之一者，可申请授予三级运动员称号：

（一）世界中学生冬季运动会、全国青年运动会、全国青年锦标赛、全国青少年锦标赛、全国 U 系列比赛第 4～6 名；

（二）全国大学生冰壶锦标赛第 3～4 名、全国中学生冰壶锦标赛第 2～3 名；

（三）省（区、市）体育行政部门主办的综合性运动会、省（区、市）体育行政部门主办的锦标赛第 2～4 名。

备注：

1. 可授予等级称号的小项（以下小项外的其他小项不得授予等级称号）：男子、女子、混合双人、混合四人。

2. 上述国际比赛须至少有 5 队上场比赛，全国比赛须至少有 10 队上场比赛，省级比赛须至少有 6 队上场比赛，方可授予等级称号。

3. 上述比赛未明确组别的，则仅最高水平组别可授予等级称号。

4. 根据比赛秩序册中各队的名单信息，四人制比赛每队最多可报 5 名运动员，混合双人比赛每队最多可报 2 名运动员。

5. 上述条款中"替补"如在所在项目或预、决赛场上都未上场参赛，将不授予等级称号。

6. 上述条款中"参赛"指报名且上场参赛。相关证明由比赛组委会提供。

参考文献

[1] Curling Statistics：How to Score［EB/OL］.［2022-08-15］http：//www.curlit.com/manuals.sapx.

[2] Sean MR Turriff. *Curling：Steps to Success*［M］. Illinois：Human Kinetics，2016.

[3] Wikipedia. Curling［EB/OL］.［2022-08-15］https：//en.wikipedia.org/wiki/Curling.

[4] World Curling Federation. The Rules of Curling and Rules of Competition［Z］. 2022.

[5] World Curling Federation. Competition Policy & Procedure Manual［Z］. 2022.

[6] World Curling Federation. Technical Official's Manual［Z］. 2020.

[7] World Curling Federation. Accessibility Needs for Wheelchair Curling Events［Z］.

[8] World Curling Federation. Technical Timer's Manual［Z］. 2022.

[9] World Curling Federation. Uniform & Cresting Policy［Z］. 2022

[10] World Curling Federation. Wheelchair Curling Policy［Z］. 2022.

[11] World Curling Federation. Recommendations for Delivery Sticks in Recreational Play［Z］. 2020.

[12] World Curling Federation. Statement of Principles Regarding Competition Equipment［Z］. 2016.

[13] 樊智军. 体育赛事的组织与管理［M］. 北京：人民体育出版社，2007.

[14] 史国生，邹国忠. 体育竞赛组织与管理［M］. 南京：南京师范大学出版社，2008.

[15] 刘建和. 运动竞赛学［M］. 北京：人民体育出版社，2008.

[16] 张孝平. 体育竞赛组织编排［M］. 北京：北京体育大学出版社，2008.

[17] 李艳翎，郭恒涛. 体育竞赛的组织与管理［M］. 长沙：湖南师范大学出版社，2013.